RECHERCHES

SUR LES

OSSEMENTS DE CANIDÆ

CONSTATÉS EN FRANCE A L'ÉTAT FOSSILE

PENDANT LA PÉRIODE QUATERNAIRE

PARIS. — IMPRIMERIE DE E. MARTINET, RUE MIGNON, 2

RECHERCHES

SUR LES

OSSEMENTS DE CANIDÆ

CONSTATÉS EN FRANCE, A L'ÉTAT FOSSILE

PENDANT LA PÉRIODE QUATERNAIRE

PAR

J. R. BOURGUIGNAT

PARIS
G. MASSON, ÉDITEUR
LIBRAIRE DE L'ACADÉMIE DE MÉDECINE
PLACE DE L'ÉCOLE-DE-MÉDECINE
DÉC. 1875

CHAPITRE PREMIER.

DESCRIPTION DU *CUON EUROPÆUS* DES ALPES-MARITIMES, PRÉCÉDÉE D'UNE NOTICE SUR LE *CUON PRIMÆVUS* DE L'HIMALAYA.

§ 1er.

C'est dans la région moyenne de la chaîne de l'Himalaya que furent découverts dès 1823 les premiers individus de ce *primævus,* qui, plus tard (1838), fut classé sous le nom générique de *Cuon.*

Au printemps de 1825, le savant explorateur Bryan Hodgson fit présent à la ménagerie de Barackpore (Hindoustan) d'un animal de ce genre, qu'il appelait *wild Dog*, Chien sauvage. Cet animal mourut, à ce qu'il paraît, peu de temps après son arrivée à cette ménagerie, et ce fut avec peine que Hodgson, qui n'eut pas le loisir de l'étudier, parvint à obtenir, en mauvais état, le crâne de ce Chien.

De nouvelles explorations dans l'Himalaya amenèrent d'heureux résultats; plusieurs de ces animaux furent captés.

Aussi, à la séance du 9 février 1826, Hodgson entretint le comité des sciences naturelles de Calcutta de ce *wild Dog*. Ce Chien, suivant l'opinion de ce savant, souche primitive de nos Chiens domestiques, ressemblait au Renard par sa forme et par sa fourrure, mais en différait par sa férocité, surtout par sa taille, qui égalait presque celle d'un Loup. Cet animal, doué d'un odorat des plus fins, affirmait Hodgson, chassait en troupe, en donnant de la voix, détruisait beaucoup de gibier, avait même une telle hardiesse, qu'il s'attaquait au Tigre. Mais cette dernière assertion a été depuis reconnue comme exagérée.

Vers la même époque, le docteur Clarke Abel, auquel on avait adressé un de ces Chiens sauvages, le décrit en ces termes (1) :

« L'individu que j'ai reçu est un jeune Chien, car sa dentition n'est encore que partiellement développée. La longueur de son corps, depuis le bout du nez jusqu'à la naissance de la queue, est de deux pieds, et celle de la queue d'un pied un pouce. Il ressemble, en général, au Renard. Sa tête, allongée, se termine par un museau pointu; ses oreilles, de forme triangulaire, ont leur extrémité aiguë et mesurent trois pouces depuis la pointe jusqu'à la base. Sa robe, très-douce au toucher, se compose de poils mêlés de belle laine. Cette dernière prédomine beaucoup sur l'autre, particulièrement sur la partie inférieure de l'animal, où il n'existe presque rien de ce qu'on pourrait appeler le véritable poil. La couleur de son pelage n'est point uniforme. En général, son poil est brun, et la laine couleur cendrée. Il est d'un brun mêlé de couleur cendrée sur le dos, où le véritable poil se trouve en plus grande quantité que sur toutes les autres parties du corps. Il a sur les oreilles deux taches noirâtres qui en couvrent presque toute la partie postérieure. Le bord de la mâchoire supérieure et le dessous de la gorge et du cou sont de couleur cendrée. Il en est de même sous le ventre, à l'exception d'un léger mélange d'un brun jaunâtre clair. La queue est touffue et participe de toutes les couleurs du corps. Le poil du dessus est d'une couleur plus foncée que celle du dessous. La queue se termine par une touffe blanche. »

En 1833, Hodgson fit paraître son premier mémoire sur le Chien sauvage, sous le titre de : *Description of the wild Dog of the Himalaya* (*Canis primævus*) (2).

Voici la phrase diagnostique de ce mémoire :

« Canis primævus. — The Buansu of the Nipalese. Wild Dog, » with six molars only in the lower jaw ; double coat, hairy-

(1) Voyez Férussac, *Sur le Chien sauvage de l'Himalaya*, in *Bull. sc. nat.*, 1826, t. IX, p. 213-215.

(2) Voyez *Asiatic Researches, Transactions of the physical Class of the Asiatic Soc. of Bengal*, 1833, t. XVIII, 2e partie, p. 221-237, pl. 17-19.

» soled feet, large erect ears, and very bushy straight tail, of » medial length, deep rusty color above, jellowish below.

» Habitat the whole of the sub-Himalayan ranges from the » Sutlej on the West to the Brahmapûtra on the East. »

Les planches qui accompagnent ce mémoire sont consacrées : l'une à la représentation en couleur de cet animal, ainsi qu'à celles du Renard et du Jackal (1), comme terme de comparaison ; les deux autres au crâne de ce *Canis* et à ceux du Chien domestique, du Jackal et du Pariah, ce Chien des rues de toutes les villes indiennes.

La même année (1833), Hodgson, ayant fait part de son mémoire à la Société zoologique de Londres, le secrétaire de cette société en fit une courte analyse sous le titre de : *Description on the wild Dog of Nepal* (2).

Cette courte analyse fut en partie reproduite en 1835 par Oken, dans son *Isis* (3).

En 1834, Hodgson lut, à la *Société asiatique des sciences de Calcutta*, un nouveau travail relatif à la faune du Népaul, dans lequel il mentionne le *Canis primævus*. Ce travail, communiqué la Société zoologique de Londres, sous le titre de : *On the Mammalia of Nepal* (4), signale dans cette contrée : 3 Quadrumanes, 4 Chiroptères, 11 Plantigrades, 21 Digitigrades, 9 Rongeurs, 1 Édenté, 3 Pachydermes et 19 Ruminants. Parmi les Digitigrades, Hodgson constate 5 *Canidæ :* les *Canis familiaris*, *primævus*, *aureus indicus*, *bengalensis*, *Lupus*, enfin une dernière espèce nouvelle, dont il ne donne pas les caractères.

A la séance du 11 octobre 1836, Ogilby entretint de nouveau la Société zoologique de Londres (5) de ce Chien sauvage de Hodgson, qui venait d'être décrit dans la partie zoologique du *Flora Himalaica* de Royle, sous l'appellation nouvelle de *Canis himalaicus* (6). Ogilby présenta même à la Société

(1) Le Chacal de l'Inde.

(2) Voyez *Proceed. of the Zool. Soc. of London*, 1833, p. 111-112.

(3) Page 547.

(4) Voyez *Proceed. of the Zool. Soc. of London*, 1834, p. 95-99.

(5) Voyez *Proceed. of the Zool. Soc. of London*, 1836, p. 103.

(6) Suivant Gray, ce *Canis himalaicus* serait le *Vulpes montana* de Pearson (in *Soc. Bengal*, 1836, p. 313).

une peau de ce *Canidæ* que Royle, de Mussoore, lui avait adressée.

C'est enfin en 1838, dans une note communiquée aux *Transactions Linnéennes de Londres*, que Hodgson attribua à ce Chien l'appellation générique de *Cuon*, et en 1842 qu'il consacra, dans le *Journal des sciences de Calcutta*, cette dénomination dans son mémoire intitulé : *European Notice of Indian Canines, with further illustrations on the new genus Cuon vel Chryseus* (1).

« I, in 1837 (dit Hodgson), raised my *Canis primævus* to the » rank of a distinct form, giving it the name of Cuon, as a con- » venient appellation, which would serve to point out its inti- » mate affinity with the Dogs proper, or genus *Canis* of authors. » This method of appropriating greek words is sanctionned by » the highest authority ; and, as my term Cuon (2) has the merit » of indicating clearly the natural position of this new form, » I consider it greatly preferable to M. Smith's *Chrysæus*, a vague » epithet, and one too more strictly applicable to the Foxes and » others than of the wild Dogs. With regard to priority, » my name and definition were published in 1838 (in the » *Linnean Transactions*), H. Smith's only in 1839-40. » H. Smith, in defining the group, has slurred over the essen- » tial mark of a peculiar system of dentition ; he has likewise (as » already noticed), misstated utterly the peculiar mammary » system. »

A la suite de ce mémoire, dont je viens d'extraire un fragment, dans le même volume du *Journal de Calcutta*, se trouve une courte notice du docteur A. Campbell sur les dimensions des os du *Cuon primævus* ou *Buansu*, comparés à ceux du Jackal et du Chien des rues de l'Inde. Cette notice porte le titre de : *Note on the Skeletons of the Buansu, the Pariah Dog and Jackal, taken from several specimens of each in M. Hodgson's collection* (3).

(1) In *Calcutta Journ. Nat. Hist.*, 1842, vol. II, p. 205-209

(2) Du mot grec κύων, chien.

(3) In *Calcutta Journ. Nat. Hist.*, 1842, vol. II, p. 209-211.

Enfin, la même année et dans le même volume, Hodgson publia encore une note relative à l'odeur particulière qu'exhale le *Cuon*, odeur sécrétée, dit Hodgson, par une série de glandules situées autour de l'anus. Ces glandules ont été dernièrement décrites et figurées par M. Murrie (1). Cette note de Hodgson porte le titre de : *Appendix to Account of* Cuon primævus, *the wild Dog or Buansu* (2).

En 1843, le savant voyageur Adolphe Delessert, qui avait parcouru et habité l'Inde de 1831 à 1839, fit paraître son charmant volume des *Souvenirs d'un voyage dans l'Inde*, où il consacra une planche à la représentation de cet animal, et plusieurs pages pleines d'intérêt, parmi lesquelles j'extrais les lignes suivantes :

« ... Ayant habité près de trois ans la côte de Coromandel, à Pondichéry et ses environs, et ayant exploré ces contrées avec soin pour y faire des collections zoologiques, il m'est arrivé d'entendre parler de la même espèce de Chien (*primævus*), et même d'en voir quelquefois aux chasses que je faisais aux grands Mammifères. Enfin, après bien de la peine, j'ai fini par m'en procurer un, tué dans les environs de Gengy, à la côte de Coromandel, près des Ghattes. Là même, il y a quelques années, en janvier 1836, j'ai pris, aidé d'un de mes chasseurs, un jeune faon d'Axis, ou Cerf moucheté, qui venait d'être mordu et chassé par trois Chiens de cette espèce, lesquels aboyaient à peu près comme nos Chiens courants d'Europe. Ce Chien n'est connu que des chasseurs de la côte de Coromandel, où il est nommé par les indigènes *Chennays* ou *Tamoulo*.

» ... J'ai rencontré plusieurs fois cette espèce de Chien dans les montagnes des Nilgherries, en bandes de trois ou quatre, chassant en plein jour. Jamais je n'ai pu en tuer d'autre que celui que j'ai rapporté en Europe. Il figure au Jardin des plantes de Paris (3). Ce Chien sauvage chasse le jour et la nuit, mais

(1) Voyez *On the Indian wild Dog*, in *Proceed. Zool. Soc. of London*, 1872, p. 715-721 (avec figures intercalées dans le texte).

(2) In *Calcutta Journ. Nat. Hist.*, 1842, vol. II, p. 412-413.

(3) C'est celui qui m'a servi de terme de comparaison avec le *Cuon europæus*.

principalement pendant le jour. Six, huit ou dix réunis poursuivent leur victime, chassant plutôt par l'odorat à la piste qu'à la vue, comme le Lévrier. Ils parviennent à obtenir leur proie plutôt à force de persévérance qu'en employant la ruse, ce qui leur arrive cependant quelquefois.

» La proie du *primævus* consiste en Lièvres, en Buffles sauvages ou domestiques, et en plusieurs espèces de Cerfs ou d'Antilopes. Jamais l'homme n'a été attaqué par ce Chien.

» Le *Buansu* ne se terre pas à la manière du Loup et du Renard, mais habite dans les cavités naturelles des rochers, à la manière des Chacals du Népaul.

» Le *Buansu*, raconte encore Adolphe Delessert, habite la partie élevée du Népaul, qui est à une égale distance des montagnes de neige et des plaines, ou, en d'autres termes, il se tient dans la région moyenne du Népaul. Il émigre cependant dans les parties du sud et quelquefois dans les districts du nord. Ses limites d'émigration sont à l'est et à l'ouest, autant qu'il m'a été possible de le connaître, Kali et Fista; et, comme j'en ai été informé de bonne source, de Sutledje au Brahmapoutre. Des Chiens sauvages, n'offrant aucune différence matérielle avec ceux du Népaul, sont rencontrés également dans le Vindhya, les Ghattes, les Nilgherries, les montagnes de Kasya, et finalement dans la chaîne s'étendant depuis Mirzapour jusqu'à celle d'Orixa et à la côte de Coromandel. »

Vers 1850 (1), le professeur de Blainville donna, dans son *Ostéographie* (2), la représentation du crâne du *primævus*, et consacra dans son texte (t. II, p. 32), au sujet de ce crâne, les réflexions suivantes :

« Quand on compare la tête du *Canis primævus* avec celle du

(1) L'*Ostéographie* du professeur de Blainville a été publiée par livraisons non datées, de 1845 à 1854. — Je n'ai pu savoir la date de la livraison relative aux *danidæ*.

(2) *Ostéographie, ou Description iconographique comparée du squelette et du système Centaire des cinq classes d'animaux vertébrés récents ou fossiles, pour servir de base à la zoologie et à la géologie*. Paris, 1845-1854, 3 vol. de texte in-4°, et un atlas in-folio.

Loup, on observe qu'elle s'en éloigne assez fortement par sa brièveté et la déclivité presque sans courbure de son chanfrein, pour se rapprocher de celle du Crabier (1), et peut-être encore mieux de l'Hyène, formant ainsi quelque chose d'intermédiaire aux deux genres. Elle est en effet large et courte dans ses deux parties, sans coups de hache ni relèvement frontal; les os du nez sont plus larges, les prémaxillaires plus courts, les orbites moins grandes, plus longues et un peu plus complètes dans leur cadre. Les caisses sont moins renflées, et la mandibule a quelque chose d'intermédiaire à celle du Loup et à celle du Crabier, étant un peu plus en bateau que dans celui-ci, et cependant ayant un coude assez marqué et l'apophyse angulaire presque comme celui-là. »

Je ne dois pas oublier de rappeler que, bien avant la publication de son *Ostéographie*, de Blainville, dès 1837 (2), avait déjà fait représenter une tête presque entière de *primævus*. Or, la tête figurée en 1837 n'a pas été dessinée d'après celle qui a servi de modèle pour son *Ostéographie*. Celle de son *Ostéographie* est complète, tandis que celle des *Annales d'anatomie et de physiologie* est incomplète, en ce sens qu'à la mâchoire supérieure, la canine, la troisième prémolaire et la tuberculeuse manquent, et qu'à la mâchoire inférieure la canine, les incisives et seulement la quatrième prémolaire sont absentes. De Blainville, à cette époque (1837), raconte (p. 312) qu'il connaît deux crânes de *primævus*, un envoyé en 1836, du Népaul (avec une peau), par Hodgson, et un autre rapporté de la chaîne des Ghattes, dans l'Inde, par le voyageur Leschenault.

Le crâne figuré en 1837 dans les *Annales* est celui donné par Leschenault, et celui de l'*Ostéographie* celui qui a été offert par Adolphe Delessert en 1841, avec une peau.

(1) Espèce de *Canidæ* de l'Amérique du Sud : *Canis cancrivorus* de Desmarest, 1820; *Vulpes brasiliensis* de Gerrard; *Thous cancrivorus* de Gray, etc. — C'est le *Surinam Dog* de Pennant, et vraisemblablement le *Canis Thous* de Linnæus.

(2) Dans le tome Ier des *Annales françaises et étrangères d'anatomie et de physiologie* de MM. Laurent et Bazin, pl. 8, fig. 4; planche complémentaire d'un mémoire de Blainville, intitulé : « *Sur quelques anomalies du système dentaire dans les Mammifères.* »

Si j'insiste autant à ce sujet, c'est que Gray, dans un de ses mémoires que je vais essayer d'analyser, a publié ces mots : « The skull figured by de Blainville (*Ostéographie*) is that of a » domestic Dog, perhaps from Java. »

Le crâne figuré par de Blainville est bien celui du *primævus*, qui possède $\frac{6-6}{6-6}$ molaires aux mâchoires ; ce n'est pas celui d'un Chien domestique de l'île de Java, qui, comme tous les Chiens, possède $\frac{7-7}{7-7}$ molaires.

Un des mémoires les plus intéressants au sujet du *primævus*, est, sans contredit, celui que Thomas Horsfield consacra en 1851 (1) au *Cuon primævus*. Ce mémoire est un résumé complet et fort bien fait de tous les renseignements contenus dans les travaux de Bryan Hodgson, ainsi que de ceux des autres auteurs.

Le professeur P. Gervais, en 1855, dans son *Histoire naturelle des Mammifères* (2) a donné, sous le nom de *Cuon Buansu*, la représentation de la dentition du *primævus*, ainsi que la figure de cet animal. Après une courte analyse des caractères du genre *Cuon*, il a signalé les principaux signes distinctifs du Buansu (*primævus* de Hodgson).

Je ne finirai pas, s'il me fallait citer tous les ouvrages où il est question du *primævus*. Beaucoup, du reste, ne méritent pas d'être mentionnés ; d'autant plus que le *primævus* n'y figure souvent que nominativement, ou bien encore accompagné d'une note de peu d'importance. Je laisse donc de côté les catalogues de Gray, de Gerrard, etc., les compilations allemandes de Giebel, de Wagner, etc. Je ne parlerai plus que de trois mémoires, celui que sir Murrie vient de faire paraître (1872), et deux de sir Gray publiés en 1863 et 1868.

Le mémoire de M. Murrie, *On the Indian wild Dog* (3), travail des plus instructifs, est entièrement consacré à des recher-

(1) *Catalogue of the Mammalia in the Museum of the Hon. East-India Company*, 1851, p. 73-80.

(2) Tome II, p. 58-60.

(3) In *Proceed. Zool. Soc. of London*, 1872, p. 715-721.

ches anatomiques. L'auteur a intercalé dans son texte de fort bonnes figures gravées sur bois. Je n'ai qu'à mentionner ces figures pour présenter en peu de mots l'analyse des sujets traités dans ce travail. Ainsi, la première figure représente une tête de femelle (1), pour montrer l'aspect général du crâne, la forme du museau, la pose des oreilles, etc.; la deuxième, le dessous des pattes (de devant et de derrière), pour faire voir leur grande villosité et la disposition des callus. La troisième présente une étude anatomique du cæcum, du côlon et d'une partie de l'ilion. Enfin, la quatrième montre les glandules qui entourent l'anus d'une femelle, glandules qui sécrètent cette odeur si désagréable, particulière au *Cuon*, odeur qui avait déjà été signalée, ainsi que ces petites glandes, par Hodgson, en 1842 (2).

Le mémoire de Gray de 1863 (3) est un catalogue des échantillons et dessins de Mammifères, Oiseaux, Reptiles et Poissons du Népaul et du Tibet, donnés au British Museum par Bryan Hodgson.

Ce travail est intéressant, en ce sens qu'il contient la diagnose d'un nouveau *Cuon*, établi par Hodgson, sous l'appellation de *C. Grayiformis*. Ce *Cuon*, caractérisé par une robe plus foncée tirant sur le rouge, et surtout par le manque de touffes de poils à la queue, n'a pas été conservé comme espèce, mais a été considéré par les auteurs comme une variété du *primævus*. Voici, du reste, la phrase diagnostique de Hodgson :

« Deep uniform red, deeper than rust, paler and flavescent » below; living of ears, chaffron and end of tail nigrescent. Hair » close and short; no feathering of limbs nor brush to tail. Form » slighter than in other species and larger, that is in largest » dimensions :

(1) Tête offerte à la Société zoologique de Londres, en 1867, par le capitaine Gildea.

(2) Voyez Hodgson, *App. to Account of* Cuon primævus, in *Calcutta Journ. Nat. Hist.*, t. II, p. 205-209.

(3) *Catalogue of the Specimens and Drawings of Mammalia, Birds, Reptiles and Fishes of Nepal and Tibet, presented by B. H. Hodgson to the British Museum*, 1863, p. 5.

Snout to dent....................	3 ft 1 inch.	0 lin.	
Head.........................	»	9	»
Ears.........................	»	5	»
Height........................	2	1	»
Tail..........................	1	4	1/2

» Habit. Sikkim. »

J'arrive enfin au travail que Gray fit paraître en 1868 (1), sous le titre de *Notes of the Skulls of the Species of Dogs, Wolves, and Foxes in the Collection of the British Museum*. Dans ce travail, qui est un résumé presque complet des genres et des espèces de la famille des *Canidæ*, Gray adopte le genre *Cuon*, et y admet quatre espèces : le *primævus*, l'*alpinus*, le *dukhunensis* et le *sumatrensis*, dont il donne la représentation de la tête, vue de profil.

D'après la théorie de Gray, voici la classification des *Canidæ* :

Vrais CANIDÆ.

1re section. — LUPINÆ.

1re sous-famille. — LYCAONINA.

1er genre. Lycaon. — Une espèce d'Afrique : *Lycaon venaticus*.

2e sous-famille. — CANINA.

2e genre. Icticyon. — Une espèce du Brésil : *Icticyon venaticus*.

3e genre. Cuon. — Quatre espèces d'Asie, citées ci-dessus.

4e genre. Lupus. — Six espèces : *Lupus vulgaris* d'Europe ; *Lup. Chanco*, de la Tartarie chinoise ; *Lup. occidentalis* (var. *nubilus*, *mexicanus*, *ater* et *rufus*), d'Amérique ; *Lup. anthus*, du nord de l'Afrique ; *Lup. aureus*, d'Asie, et le *Lup. pallipes*, d'Asie.

5e genre. Simenia. — Une espèce d'Afrique : *Simenia simensis*.

6e genre. Chrysocyon. — Deux espèces d'Amérique : les *Chrysocyon jubatus* et *latrans*.

7e genre. Canis. — Quatre espèces : *Canis familiaris*, partout avec l'homme ; *Can. ceylanicus*, de Ceylan ; *Can. tetradactyla*, de Cayenne ; *Can. Dingô*, de l'Australie (avec sa var. *sumatrensis* (2), de l'île de Sumatra).

8e genre. Lycalopex. — Deux espèces américaines : les *Lycalopex vetulus* et *fulvicaudus* (avec sa var. *chiloensis*).

(1) In *Proceed. Zool. Soc. of. London*, p. 492-526, avec 7 figures intercalées dans le texte.

(2) Ne pas confondre cette variété avec le *Cuon sumatrensis*.

9e genre. PSEUDALOPEX. — Quatre espèces américaines : les *Pseudal. Azaræ, griseus, magellanicus, gracilis*, et une cinquième espèce des îles Falkland : l'*antarcticus*.

10e genre. THOUS. — Deux espèces de l'Amérique du Sud : les *Thous cancrivorus* et *fulvipes*.

2e section. — VULPINÆ.

3e sous-famille. — VULPINA.

11e genre. VULPES. — Dix-sept espèces : *Vulpes vulgaris* (3 var.), d'Europe ; *Vulp. nilotica*, d'Égypte ; *Vul. adusta*, de l'Afrique méridionale ; *Vulp. variegata*, de Nubie et d'Égypte ; *Vulp. mesomelas*, d'Afrique ; *Vulp. flavescens*, de l'Inde ; *Vulp. montana*, de l'Himalaya ; *Vulp. Griffithsii*, de l'Afghanistan ; *Vulp. ferrilatus*, du Tibet ; *Vulp. leucopus*, de l'Inde ; *Vulp. japonica*, du Japon ; *Vulp. bengalensis* (1 var.), de l'Inde ; *Vulp. pusilla*, de l'Inde ; *Vulp. Karagan*, de l'Oural ; *Vulp. Corsac*, de Tartarie et de Sibérie ; *Vulp. pensylvanica* (4 var.), de l'Amérique du Nord, ainsi que le *Vulpes velox*.

12e genre. FENNECUS. — Quatre espèces d'Afrique : le *Fennecus dorsalis, Zaarensis, pallidus* et *Caama*.

13e genre. LEUCOCYON. — Une espèce d'Asie : le *Leucocyon Lagopus*.

14e genre. UROCYON. — Deux espèces d'Amérique : les *Urocyon virginianus* et *littoralis*.

15e genre. NYCTERRUTES. — Une espèce d'Asie : le *Nyctereutes procyonoides*.

FAUX CANIDÆ.

4e sous-famille. — MEGALOTINA.

16e genre. MEGALOTIS. — Une espèce d'Afrique : *Megalotis Lalandei*.

Tel est, aussi succinctement que possible, l'exposé du travail de Gray. J'ai tenu à résumer ce mémoire pour montrer la place que le genre *Cuon* occupe dans la méthode, et pour donner un aperçu des genres et des espèces compris dans la famille des *Canidæ*.

§ 2.

Les caractères du genre CUON sont les suivants :

Animaux possédant 14 mamelles ; ressemblant, comme forme extérieure, aux Loups et aux Chacals ; intermédiaires cependant aux uns et aux autres par la taille. — Crâne court. — Déclivité presque sans courbure du front sur le nez. — 40 dents, savoir : molaires $\frac{6-6}{6-6}$, canines $\frac{1-1}{1-1}$, incisives $\frac{3-3}{3-3}$; réduction en volume des tuberculeuses de la mâchoire supérieure, et suppression totale à la mâchoire inférieure de la dernière tuberculeuse, ce qui donne, pour les molaires tuberculeuses, $\frac{2-2}{1-1}$.

Les *Cuon* sont des *Canidæ* voisins des *Lupus*, *Lupulus* et *Canis*.

Sans compter l'espèce primitive, le *primævus*, sir Gray et quelques autres auteurs considèrent comme de véritables *Cuon* trois autres espèces autrefois rangées parmi les *Canis* :

1° Le Dhole du Deccan, de l'Inde;

2° Le Chien de montagne de l'Altaï;

3° Et un Chien de la presqu'île de Malacca, ainsi que des îles de Java et de Sumatra.

La première de ces espèces a été publiée sous l'appellation de *dukhunensis* (1);

La seconde, sous celle d'*alpinus* (2);

Et la troisième, sous le nom de *sumatrensis* (3).

(1) CUON DUKHUNENSIS. — Skull-nose slender, elongate; nasal bones the same length. Forehead much raised above the nose-line. (Gray.)

CANIS DUKHUNENSIS, Sykes. — *Cat. of Dukhun Mamm.*, in *Proceed. Zool. Soc.*, 1831, p. 100, et 1832, p. 15. — *Canis familiaris* (wild variety), — *Canis dukhunensis*, Elliot, *Cat. of Mamm. of S. Mahratta country*, in *Madras Journ. Lit. and Sc.*, t. X, p. 100. — *Wild Dog of the western Ghats*, Sykes, in *Transact. Roy. Asiat. Soc.*, t. III, p. 405. — *Cuon dukhunensis*, Horsfield, *Cat. Mamm. in the Mus. of the Hon. East-India Comp.*, 1851, p. 73. — Gray, *List. of the osteol. Specim.*, 1847, p. 15, et *Notes on the Skulls of the Spec. of Dogs*, in *Proceed. Zool. Soc. London*, 1868, p. 500, etc.

Cet animal habite l'Inde, dans les contrées de Dukhun (Sykes), de Mysore (Hamilton), de Mahratta (Elliot), etc., où il est plus particulièrement connu sous les noms de *Dhole* (Williamson), ou de *Kolsun*, *Kollusnah*, *Kollusra*, ou *Kollussa*, etc. — Voyez, à ce propos, A. Mackintosh, *Account of the Mhadeo Kolies*, in *Madras Journ. Lit. and Sc.*, t. V, p. 81 et suiv.

(2) CUON ALPINUS, Gray. — *Canis alpinus*, Pallas, *Zoogr. rosso-asiat.*, t. I, p. 34. — Van den Hoeven, in *Kais. Akad. d. Wiss.*, t. VII, pl. 17. — Gray, *Cat. Mamm. Brit. Mus.*, p. 57. — Schrenk, *Amurlande*, p. 48, etc. — *Cuon alpinus*, Gray, *List. of the osteol. Specim.*, 1847, p. 15. — Gerrard, *Cat. of Bones of Mamm.*, 1862, p. 81. — Gray, *Notes of the Skulls of the Spec. of Dogs*, etc., in *Proceed. Zool. Soc. London*, 1868, p. 98, etc.

Cette espèce habite, en Sibérie, les montagnes de l'Altaï.

(3) CUON SUMATRENSIS. — Skull-nose short, broad, swollen, slightly raised above the nose-line; nasal produced behind the binder upper edge of the maxillaries. — *Canis familiaris* (var. *sumatrensis*), Hardwicke, in *Linn. Trans.*, XIII, p. 235,

Pour ces trois *Cuon*, dont je viens de donner en notes les principales synonymies, je n'en parlerai pas; attendu que ces animaux forment des espèces très-voisines les unes des autres, et même si voisines, qu'il est difficile de les distinguer, à plus forte raison d'en saisir les caractères (1), surtout quand on manque de points de repère et de comparaison. Je les laisse donc de côté pour ne parler que du *primœvus* (2), la seule espèce dont j'ai pu étudier le crâne, et comparer la mâchoire avec celle de notre *Cuon europœus*.

Voici la synonymie et les principaux caractères du :

Cuon primævus.

1833. Canis primævus, Hodgson, *Descr on the wild Dog of the Himalaya*, in *Trans. Asiat. Soc. of Bengal.*, t. XVIII, 2e partie, p. 221-237, pl. 17-19.

1833. Canis primævus, Hodgson, *Descr. of the wild Dog of Nepal*, in *Proceed. Zool. Soc. of London*, p. 111.

1835. Canis primævus, Oken, in *Isis*, p. 547.

1836. Canis himalaicus, Ogilby, *Remarks upon* Canis himalaicus, in *Proceed. Zool. Soc. of London*, t. IV, p. 103.

1837. Canis primævus, de Blainville, *Anom. syst. dent.*, in *Ann. franç. et étrang. d'anat. et de physiol.*, t. I, p. 299 et 312, pl. VIII, fig. 4.

1838. Cuon primævus, Hodgson, in *Trans. Soc. Linn.* (texte Hodgson, 1842).

t. xxv. — Raffles, in *Linn. Trans.*, XIII, p. 249. — *Cuon sumatrensis*, Gray, *Zool. of the Voy. of H. M. Ship Samarang*, 1850, p. 16. — Horsfield, *Cat. of the Mamm.*, etc. *East-India Company*, 1851, p. 79. — Gerrard, *Cat. of Bones of Mamm.*, etc., *Brit. Mus.*, 1862, p. 81. — Gray, *Notes on the Skulls of the Spec. of Dogs*, etc., in *Proceed. Zool. Soc. of London*, 1868, p. 498 et 499, etc. — *Canis rutilans*, Müller, *Over d. Zoogdieren van den Ind. Archip.*, in *Verhandl. Neerderl. Besitt.*, p. 27 et 51. — *Canis javanicus*, Desmarest, *Mamm.*, 1820, p. 193. — *Wild Dog of Sumatra*, Hardwicke, in *Trans. Linn. Soc.*, XIII, p. 235, etc., etc.

Cette espèce habite la presqu'île de Malacca (Carlton), les îles de Java (Leschenault), de Sumatra (Hardwicke) et même de Bornéo (Müller). — Cet animal est connu des habitants de ces contrées sous les appellations suivantes : *Assoo Adjakh*, *Assoo Kikkee* (dans l'île de Java), et *Oesoeng-Esang*, à Sumatra.

(1) Ainsi, Gray, dans son mémoire de 1868 que j'ai analysé, n'a donné à son *Cuon alpinus* que cette phrase diagnostique, à propos du crâne de cet animal, comparé à celui du *C. primævus*. — « Skull (dit Gray) very like that of the *primævus*, if different. »

(2) Quant au *Chien dingo*, de l'Australie (*Chryseus Australiœ* de Smith), que l'on avait à tort considéré comme un *Cuon*, ce Chien est bien un *Canis*, dont il possède la dentition.

1842. Cuon primævus, Hodgson, *Europ. Not. of Indian Canines*, etc., in *Calcutta Journ. Nat. Hist.*, II, p. 205-209, et *Appendix to Account of* Cuon primævus, etc. (même ouvrage, p. 412).

1842. Cuon primævus, Campbell, *Note on the Skeleton of the Buansu*, in *Calcutta Journ. Nat. Hist.*, II, p. 209-211, pl. 18-19.

1843. Canis primævus, Ad. Delessert, *Souvenirs d'un voyage dans l'Inde, etc.*, 2e partie, p. 16, pl. 2.

1846. Cuon primævus, Cantor, *Catal. of Mamm. inhab. the Malayan*, etc., p. 26.

1846. Cuon primævus, Gray, *List. of Mamm. and Birds of Nepal presented by* B. H. Hodgson *to the British Museum* (1re édit., 1846), p. 10.

1846. Cuon primævus, Gray, *List. of the Mamm. of the British Museum*, p. 57.

1847. Cuon primævus, Gray, *List. of the Osteolog. Specim. in the Coll. of the British Museum*, p. 15.

1850. Cuon primævus, Gray, *Zool. of the Voy. of H. M. Ship Samarang*, p. 16.

1850? Canis primævus, de Blainville, *Ostéographie*, etc., t. II, p. 32. — *Atlas*, Canidæ, pl. 3.

1851. Chryseus primævus, Hamilton Smith (texte Horsfield), *Cat. of the Mamm.*, etc., *East-Ind. Comp.*, p. 73.

1851. Cuon primævus, Horsfield (Thomas), *Cat. of the Mamm. in the Mus. of the Hon. East-India Company*, p. 73.

1852. Cuon primævus, Gray, *Cat. of Mamm.*, etc., *of the British Mu eum*, p. 57.

1854. Canis primævus, Giebel, *Odontogr.*, p. 27, pl. IX, fig. 1.

1855. Canis primævus, Giebel, *Die Säugethiere*, in *Zool. Anat. und Palæont.*, etc., p. 849.

1855. Canis primævus, J.-A. Wagner, *Supplem.*, Schreber, *Die Säugethiere*, t. II, p. 376.

1855. Cuon Buansu, P. Gervais, *Hist. nat. Mammif.*, t. II, p. 58-60.

1862. Cuon primævus, Gerrard, *Catal. of the Bones of Mamm.*, etc., *British Museum*, p. 81.

1863. Cuon primævus, Gray, *Catal. Specimens and Drawings of Mamm.*, etc., *of Nepal and Tibet*, etc., 2e édit., p. 5.

1863. Cuon Grayiformis, Hodgson, texte Gray (*loc. supr. cit.*), p. 5.

1868. Cuon primævus, Gray, *Notes on the Skulls of the Spec. of Dogs*, etc., in *Proceed. Zool. Soc. of London*, p. 498.

1868. Canis himalayanus, Lesson (texte Gray) (*loc. supr. cit.*), p. 498.

1872. Cuon primævus, Murrie, *On the Indian wild Dog*, in *Proceed. Zool. Soc. of London*, p. 715-721.

Animal robuste, plus gros que le Chacal indien, moins fort que le Loup, mais plus élancé et mieux découplé que chacun d'eux. — Robe très-douce au toucher, composée de poils mêlés de belle laine, d'une couleur brune, d'une teinte de rouille en dessus, cendré jaunâtre en dessous. — Bords de la mâchoire supérieure, dessous de la gorge et du cou d'un ton brun cendré. Oreilles droites, triangulaires, avec deux taches noires en arrière. — Pattes très-poilues. — Queue touffue, descendant à moitié du corps.

Longueur du museau à la queue..........	95 cent. à 1 mètre.
Longueur de la queue....................	40 cent. à 50 cent.
Longueur de la tête.....................	20 à 25
Hauteur moyenne.........................	50 à 60

Cet animal habite la région moyenne de l'Himalaya, depuis Sutledje à l'ouest, jusqu'au Brahmapoutre à l'est (Hodgson); enfin, toutes les contrées montueuses de l'Inde et de l'Indo-Chine. On le rencontre dans le Bengale (Williamson), dans la province de Cachemire (Abbott), dans la chaîne des Ghattes (Leschenault), dans les montagnes des Nilgherries (Ad. Delessert), etc.

Ce *Cuon* est connu des indigènes et des chasseurs sous différents noms : sous ceux de *Buansu,* dans le Népaul (Hodgson); de *Chennays* ou *Tamoulo*, sur la côte de Coromandel (A. Delessert); d'*Anjing utan*, dans la presqu'île de Malacca (Cantor); enfin de *Quihoe*, *Qyo*, *Quo*, ou *Khoa*, suivant Johnson.

D'après Hodgson, qui a fait une étude toute particulière de cet animal, ce *Canidæ* chasse en troupe de six à dix individus en donnant de la voix. Son aboiement ne ressemble pas à celui des Chiens, des Chacals ou des Renards. Il montre une grande ardeur dans la poursuite de sa proie. Il s'acharne après le gibier jusqu'au moment où la fatigue le lui livre presque sans défense. Il attaque et poursuit presque tous les animaux, mais principalement les Lièvres, les Antilopes, les Cerfs et les Buffles sauvages. Il a la vue faible, mais, en revanche, il est doué d'un odorat des plus subtils.

Le *Cuon primævus* ne s'apprivoise pas. On ne peut vaincre sa sauvagerie. Hodgson cite pourtant un jeune individu qu'il est parvenu à assouplir et à rendre sensible aux caresses. Malgré tout, cet animal, en domesticité, est désagréable, en ce sens qu'il exhale une odeur de bête fauve bien plus nauséabonde (1)

(1) Voyez, à ce sujet, les mémoires de Hodgson en 1842, et de Murrie, en 1872.

que celle que répand le Chacal de l'Inde (1), dont l'odeur est pourtant si forte et si pénétrante.

Tel est l'exposé que j'ai cru nécessaire de donner sur le *Cuon* de l'Himalaya, pour faire comprendre et saisir l'importance de la découverte d'une espèce nouvelle de *Cuon* dans les Alpes-Maritimes.

§ 3.

C'est dans la caverne *Mars* de Vence que j'ai fait, en avril 1868, la découverte des ossements du *Cuon europæus*.

Cette caverne, située à deux heures de marche environ au nord de Vence, dans la vallée des Grabelles, est une assez vaste excavation dans laquelle j'ai eu le bonheur de recueillir un nombre considérable d'ossements de Mammifères, parmi lesquels j'ai reconnu de nombreux débris de membres de *Cuon*.

Mais, en ce moment, comme je manque de terme de comparaison pour les membres de cet animal, je ne puis présenter que les caractères de la mâchoire inférieure, seule partie de la tête que je connaisse.

Cette mâchoire s'est trouvée représentée, parmi mes ossements, par trois fragments ayant appartenu à deux individus.

Ces fragments consistent :

1° En un maxillaire gauche presque complet, auquel il manque seulement les deux incisives médianes, le condyle et une partie de l'apophyse coronoïde.

2° En un autre fragment de maxillaire, également gauche, depuis la canine jusqu'à la carnassière inclusivement. Il manque à ce fragment les trois premières prémolaires, qui, heureusement, existent sur le maxillaire n° 1.

3° Enfin, en un fragment de la partie postérieure d'un maxillaire droit depuis la carnassière jusqu'au condyle. A ce fragment

(1) *Jacalius indicus*. — *Canis pallipes* de Sykes, 1831. — *Lupus pallipes* de Gray, in *Proceed. Zool. Soc. London*, 1868, p. 504.

il ne manque que la tuberculeuse et une faible portion de l'apophyse coronoïde.

D'après ces débris, on peut aisément reconstruire la mâchoire inférieure du *Cuon europæus*, puisque ce qui manque sur une pièce se retrouve heureusement sur une autre.

Cette mâchoire ressemble assez, à première vue, à celle d'un Chien, bien qu'elle possède de notables différences, lorsqu'on détaille son ensemble.

Chez le *Cuon europæus*, l'os maxillaire, bien robuste, est moins épais. Il est plus régulier ; sa base est moins arquée. L'angle d'écartement est moins considérable. Enfin, la région dentaire, surtout, est moins développée.

Ainsi, du bord antérieur alvéolaire de la canine à la partie postérieure du condyle, on trouve 140 millimètres, et 88 millimètres de ce même bord antérieur alvéolaire à la partie postérieure de la tuberculeuse. D'où il résulte que la région dentaire occupe un peu moins des deux tiers de la longueur totale, tandis que, chez les Chiens, la région dentaire s'étend sur les trois quarts de la longueur. La région postérieure est donc, chez le *Cuon europæus*, plus forte et plus développée.

Les dents sont au nombre de 10, savoir : 3 incisives, 1 canine et 6 molaires, soit 20 (1) pour les deux branches de la mâchoire inférieure.

Je ne connais, des 3 incisives, que la plus externe, celle qui est voisine de la canine. Les autres sont représentées par les trous alvéolaires.

Cette *incisive* (haut. de la partie émaillée, 8 millim. ; larg., 5 millim. ; épaiss., 5 millim.), d'une forme triangulaire, un peu émoussée à son sommet, est caractérisée sur le côté qui regarde la canine par un petit lobe triangulaire très-saillant, dont la pointe diverge du corps de l'incisive.

La *canine* (haut. de la partie émaillée, 20 millim. ; larg., 11 millim. ; épaiss., 7 millim.), acuminée, fortement récurrente,

(1) Chez les Chiens, les Loups, les Renards, etc., les dents de la mâchoire inférieure sont au nombre de vingt-deux.

est convexe-arrondie extérieurement ; tandis que sur son côté interne elle offre, sur toute sa hauteur, deux méplats séparés par une faible arête légèrement anguleuse.

La *première prémolaire* (haut., 6 millim.; long., 6 millim.; épaiss., 3 millim. 1/2), distante de 3 millim. de la canine, est une dent triangulaire, un peu récurrente. Bombée et convexe en dehors, légèrement creusée en dedans, cette prémolaire offre en outre, à sa partie postérieure interne, un faible renflement au niveau de la couronne.

La *deuxième prémolaire* (haut., 7 millim.; long., 9 millim.; épaiss., 5 millim.), plus volumineuse en arrière qu'en avant, de forme triangulaire, inclinée en arrière, offre, à sa partie postérieure, une seconde arête triangulaire beaucoup plus petite que l'arête centrale; enfin, vers la couronne, un léger renflement simulant une arête en miniature. — Renflée et convexe en dehors, cette dent présente, du côté interne, un aspect quadridenté, grâce à un renflement de la couronne à la partie interne antérieure.

La *troisième prémolaire* (haut., 8 millim.; long., 10 millimètre 1/2; épaiss., 5 millim.), est exactement semblable à la précédente, seulement en plus grand. Intérieurement, le renflement antérieur de la couronne est plus accentué.

La *quatrième prémolaire* (haut, 10 millim.; long., 14 millim.; épaiss., 6 millim.) est encore, en exagéré, la reproduction de la prémolaire précédente. Le renflement interne antérieur de la couronne devient une denticulation qui s'accentue fortement sur le côté externe. Cette dent paraît donc posséder quatre arêtes : la première en avant, de forme conique; la seconde (qui est la principale), beaucoup plus forte, est triangulaire, un peu en dos d'âne; la troisième, plus petite, est conique émoussée; enfin, la quatrième, la plus postérieure, est aussi la moins volumineuse. Extérieurement, ces denticulations sont convexes, et chacune d'elles sont séparées par un léger sillon. Intérieurement, les deux dernières arêtes postérieures sont déprimées, et la dent semble comme creusée ou plutôt comme comprimée.

La *cinquième prémolaire*, ou *dent carnassière* (haut., 13 millim.; long., 21 millim.; épaiss., 9 millim.), la plus forte et la plus volumineuse de toutes, de forme oblongue, possède trois fortes arêtes d'inégale grandeur. La première, triangulaire, est inclinée en avant; la deuxième, ou *centrale*, également triangulaire, est la plus élevée; enfin, la troisième, située en arrière, infiniment plus petite, paraît conique et ne dépasse pas en hauteur la tuberculeuse. Du côté interne, on remarque, vers la base postérieure de l'arête centrale, une quatrième petite arête coniforme.

La *dernière molaire*, ou *tuberculeuse* (haut. 4 millim.; long., 7 millim. 1/2; épaiss., 6 millim.), presque ronde, relativement très-petite, est entourée d'une couronne très-prononcée. En dessus, elle est caractérisée par un renflement antérieur, faiblement conique, qui se relie au renflement postérieur de la couronne par une légère arête linéaire; enfin, par deux dépressions, dont la postérieure est la plus accentuée.

Tels sont les caractères exacts des dents du maxillaire inférieur gauche du *Cuon europœus*.

Les *trous mentonniers*, au nombre de deux, sont placés sur la partie médiane externe de l'os maxillaire. Le premier, le plus grand, s'ouvre juste au-dessous de l'intervalle qui sépare la première de la deuxième prémolaire. Le second (1), beaucoup plus petit, se trouve au-dessous de la troisième prémolaire.

L'orifice du *canal dentaire*, de forme obliquement ovalaire, en contre-bas de la série dentaire, sur le côté interne, s'ouvre presque à égale distance du condyle et de la tuberculeuse. Il est cependant un peu plus rapproché de la tuberculeuse que du condyle.

La crête ailée, qui forme l'*apophyse coronoïde*, s'élève brusquement, presque à angle droit, à 5 millimètres de la tuberculeuse. Arrondie à sa partie supérieure, cette crête descend postérieurement, pour ainsi dire en ligne droite, sur la *grande échancrure sigmoïde*, qui est plus profonde.

(1) Quelquefois au nombre de deux.

Le côté interne de cette crête, qui sert de surface d'insertion au *crotaphite*, est presque plan. Il ne présente qu'une légère concavité vers la partie centrale. Le côté externe est au contraire excessivement concave. Cette concavité, ou *fosse massetérienne*, est tellement profonde et comme creusée à la partie inférieure, qu'elle semble un peu recouverte par la base de l'arête antérieure coronoïde, qui, en cet endroit, est très-développée.

La poulie du *condyle* (diam. lat., 25 millim.; épaiss., 9 millim.), inclinée de dedans en dehors, est plus robuste du côté externe.

La *petite échancrure sigmoïde* est très-peu creusée. Elle se termine à l'*apophyse angulaire*, qui a la forme d'un gros tubercule obtus, presque rectiligne et non infléchi en dedans.

Au-dessous de cette apophyse, la base du maxillaire offre une concavité très-prononcée sur une étendue de 27 millimètres jusqu'à un faible renflement qui doit représenter l'*apophyse crochue*, si développée chez les *Ursidæ*.

A partir de ce renflement, la base du maxillaire suit une direction légèrement convexe, jusqu'à la symphyse, convexité qui serait régulière, sans une faible dépression au niveau de la deuxième et de la troisième prémolaire.

§ 4.

La mâchoire inférieure du *Cuon europæus* se distingue de celle du *primævus*, par sa taille plus robuste, par son os plus fort et plus épais. Le maxillaire du *C. primævus* a 120 millimètres, de la partie antérieure de la canine à la partie postérieure de la poulie. Celui de l'*europæus* a 140 millimètres.

Voici, du reste, les proportions comparatives des maxillaires de ces deux espèces de *Cuon :*

	C. PRIMÆVUS.	C. EUROPÆUS.
Longueur maximum de la partie antérieure de la canine à la partie postérieure de la poulie.....	120 millim.	140 millim.
Longueur maximum du bord antérieur de la canine au bord postérieur de la tuberculeuse........	79	88

Hauteur de l'os en arrière de la tuberculeuse....	22	27
Hauteur de l'os au niveau de la carnassière......	20,5	26
Hauteur de l'os au niveau de la troisième prémolaire..................................	16,5	23
Hauteur de l'os en arrière de la canine.........	16	23
Épaisseur de l'os au niveau de la carnassière.....	9	11
Espace occupé par les molaires................	64	69,5

La canine du *C. europæus*, plus forte, plus robuste, un peu moins récurrente, s'acumine moins vite que celle du *C. primævus*.

La première prémolaire est semblable, seulement elle est plus forte que celle du *primævus*.

La deuxième prémolaire diffère, en ce qu'elle offre à sa partie postérieure une seconde arête triangulaire, et à sa partie interne antérieure une petite denticulation qui manque chez le *primævus* (1). Cette prémolaire de l'*europæus* est encore plus convexe du côté interne.

La troisième prémolaire, presque semblable à celle du *primævus*, s'en distingue cependant par le renflement antérieur de la couronne, qui simule le rudiment d'un petit denticule. Ce renflement n'est pas accusé chez le *primævus*.

La quatrième prémolaire diffère par son arête antérieure triangulaire et par sa dernière arête postérieure, arêtes qui n'existent pas chez le *primævus*. Cette prémolaire est quadridentée chez l'*europæus*, bidentée chez le *primævus*.

La dent carnassière ainsi que la dent tuberculeuse sont presque semblables chez les deux espèces. Chez l'*europæus*, ces dents diffèrent seulement de celles du *primævus* par une taille plus forte et un volume plus considérable.

Vu de profil, du côté externe, le maxillaire de l'*europæus* s'effile moins à la partie antérieure, et il présente en dessous un léger renflement au niveau de la base de la symphyse. Chez le *primævus*, ce renflement est nul et l'os s'effile régulièrement.

L'apophyse angulaire de l'*europæus*, le double plus volumineuse, est plus obtuse.

(1) La deuxième prémolaire du *C. primævus* possède une seule arête triangulaire.

L'apophyse coronoïde est plus droite et sa partie postérieure moins tronquée; enfin, la fosse massétérienne est plus profonde, surtout à la base antérieure.

Les *formules odontométriques* de ces *Cuon* offrent également entre elles de sensibles différences. Les plus saillantes consistent :

1° En ce que (dans le sens de la longueur des molaires) le triangle obtenu par la longueur de la carnassière décroît moins rapidement jusqu'à la ligne de la troisième prémolaire, pour se relever à la deuxième prémolaire. Chez le *primævus*, le triangle diminue plus vite, et le contour est décroissant jusqu'à la première prémolaire.

2° En ce que (dans le sens de l'épaisseur des dents) le contour augmente à la dent carnassière, pour décroître insensiblement jusqu'à la première prémolaire; tandis que chez le *primævus*, le contour d'épaisseur diminue plus brusquement entre la carnassière et la quatrième prémolaire, pour se maintenir presque rectiligne jusqu'à la deuxième prémolaire.

Il résulte de ces formules odontométriques, formules de l'invention de George Busk, que le *C. europæus* possède des molaires qui diminuent (en épaisseur) d'une façon régulière, ce qui n'a pas lieu chez le *primævus;* enfin, que les molaires de l'*europæus*, à partir de la carnassière, sont plus longues, notamment la deuxième prémolaire.

§ 5.

Le *Cuon europæus* des Alpes-Maritimes est donc un animal distinct du *C. primævus* de l'Himalaya.

L'*europæus* était plus fort et plus robuste que le *primævus*. Si ce dernier atteint la taille d'un fort Renard, le *Cuon* de notre pays égalait presque celle d'un Loup.

Notre espèce devait être plus carnassière et plus féroce que celle d'Asie. Ses dents plus volumineuses, à dentelures plus nombreuses, plus aiguës, dénotent une nature plus sauvage. Si le *primævus*, malgré sa petite taille, attaque, suivant le dire d'Hodgson, Ad. Delessert, etc., jusqu'à des Buffles, animaux d'une force redoutable, le *Cuon* de la caverne Mars devait, à plus forte raison, attaquer les plus robustes animaux des Alpes-Maritimes.

Sauf sa férocité plus grande, l'*europæus* devait avoir les mêmes instincts, les mêmes mœurs que le *primævus* de l'Inde. Comme lui, il chassait en troupe, il donnait de la voix ; comme lui, il se retirait dans les cavités des rochers. Les ossements recueillis dans la caverne Mars, ossements réunis tous les uns près des autres, dans leur position respective, viennent bien confirmer cette assertion, puisqu'ils indiquent que plusieurs de ces animaux, abrités à l'entrée de cette excavation, ont été entraînés dans une des salles, puis noyés par suite d'une crue subite des eaux.

CHAPITRE II.

DESCRIPTION DU NOUVEAU GENRE *LYCORUS*, SUIVIE D'UN APERÇU SUR LES *CANIDÆ* FOSSILES.

§ 1er.

Dans ma *Note complémentaire sur les diverses espèces de Mollusques et de Mammifères découvertes dans une caverne près de Vence*, note publiée en juillet 1868, on doit se rappeler que j'ai signalé, à la page 8, un *Canidæ* de la section des *Lupus*.

Or, ce *Canidæ*, sur lequel je n'avais pas osé me prononcer à cette époque, est ce même animal que je vais décrire (d'après sa mâchoire) sous le nom nouveau de *Lycorus nemesianus*.

§ 2.

Le maxillaire d'après lequel j'établis le nouveau genre *Lycorus* (de λύκος, loup; ὄρος, montagne, Loup de montagne) est caractérisé par une mâchoire inférieure possédant de chaque côté :

1° Trois incisives;

2° Une canine latéralement comprimée, de forme ovalaire;

3° Six molaires, dont 3 prémolaires biradiculées; 1 carnassière, également biradiculée, offrant en avant deux arêtes dentaires d'inégale hauteur, avec un rudiment de troisième pointe sur la face postéro-interne de la grande arête médiane, et en arrière, un talon tuberculeux égalant au plus le tiers de la longueur; et enfin, 2 tuberculeuses, dont la première biradiculée, de forme subtétragone, et la dernière, à une seule racine, réduite à un simple petit denticule. Mâchoire effilée; maxillaires se rejoignant sous un angle de 25 degrés.

Cette nouvelle forme générique se caractérise donc par 3 prémolaires seulement, et par l'extrême exiguïté de sa dernière tuberculeuse.

Parmi les nombreux genres, vivants ou fossiles, de la famille des *Canidæ* (1), aucun ne présente les caractères de la dentition des *Lycorus*.

Ainsi :

1° Chez les *Canis* (2), Linnæus.
2° Chez les *Lupus*, Brisson.
3° Chez les *Lycaon* (3), Gray.
4° Chez les *Simenia* (4), Gray.
5° Chez les *Lupulus*, de Blainville.
6° Chez les *Vulpes*, Brisson.
7° Chez les *Leucocyon* (5), Gray.
8° Chez les *Nyctereutes* (6), Temminck.

(1) Je vais exposer en peu de mots les caractères du système dentaire (notamment ceux de la mâchoire inférieure) des différents genres de *Canidæ* vivants ou fossiles de l'ancien continent. — Je laisse de côté les *Canidæ* de l'Amérique ou de l'Océanie, tels que les *Icticyon*, Lund; *Palæocyon*, Lund; *Speothos*, Lund; *Chrysocyon*, H. Smith; *Dusocyon*, H. Smith; *Lycalopex*, Gray; *Pseudalopex*, Gray; *Thous*, Gray; *Urocyon*, Gray, etc.

(2) Dans le genre *Canis*, je ne comprends que les *Chiens* proprement dits.

(3) *Lycaon*, Brooks, H. Smith; Gray, *On the Canidæ*, in *Proceed. Zool. Soc. of London*, 1868, p. 497; *Cynhyæna*, de Fréd. Cuvier. — Ce genre comprend une ou deux espèces africaines, entre autres le *Lycaon venaticus* (*Kynos pictus*, Ruppel; *Lycaon tricolor*, Brooks; *Lycaon typicus*, H. Smith; *Lycaon venaticus*, Gray; *Hyæna picta*, Burch; *Canis pictus*, Desmarest; *Chien hyénoïde*, G. Cuvier; *Cynhyæna*, Fréd. Cuvier, P. Gervais, etc.).

(4) *Simenia*, Gray, *On the Canidæ*, in *Proceed. Zool. Soc. of London*, 1868, p. 505. — Une espèce africaine (*Simenia simensis*, Gray; *Canis simensis*, Ruppel, *Abyss. faun.*, t. XIV.

(5) *Leucocyon*, Gray, *On the Canidæ*, in *Proceed. Zool. Soc. o London*, 1868, p. 521. — Deux espèces du nord de l'Asie : le *Leucocyon Lagopus* (*Canis Lagopus*, de Linnæus; *Vulpes Lagopus*, d'Audubon, etc.), et le *Leucocyon Isatis* (*Canis Isatis*, de Gmelin; *Canis Lagopus*, de Pallas, etc.).

(6) *Nyctereutes*, Temminck. — Une espèce du nord de la Chine et du Japon : le *Nyctereutes procyonoides* (*Canis procyonoides*, de Gray; *Canis viverrinus*, de Temminck, de Schrenck, etc.).

9° Chez les *Fennecus* (1), Desmarest :

Les molaires sont au nombre de $\frac{6}{7}$. — A la mâchoire inférieure, les 7 molaires se décomposent : en 4 prémolaires, 1 carnassière et 2 tuberculeuses, dont la dernière n'est jamais aussi réduite (sauf celle du *Lycaon*) que celle du *Lycorus*.

10° Chez les *Cuon* (2), Hodgson :

Les molaires sont au nombre de $\frac{6}{6}$. — A la mâchoire inférieure se trouvent : 4 prémolaires, 1 carnassière et 1 *seule* tuberculeuse.

11° Chez les *Cynodon* (3), Aymard :

Molaires $\frac{6}{7}$ (4). — Dents plus épaisses en proportion que celles des *Canis*, avec des formes qui rappellent celles des *Paradoxures*. — A la mâchoire inférieure : 4 prémolaires, 1 carnassière tricuspide en avant, pourvue en arrière d'un large talon à 2 lobes, 2 tuberculeuses (5).

12° Chez les *Elocyon* (6), Aymard :

Molaires $\frac{6}{7}$. — Même disposition dentaire que chez les *Cynodon*, seulement en différant par une tuberculeuse supérieure plus étroite en dehors qu'en dedans (7).

(1) *Fennecus*, Desmarest, *Mamm.*, 1820, p. 235. — Ce genre comprend plusieurs espèces africaines. — Ces animaux ressemblent à de petits Renards pourvus d'énormes oreilles.

(2) Voyez, au sujet du genre *Cuon*, le chapitre précédent.

(3) *Cynodon*, Aymard, *Essai sur l'*Enteledon, p. 20, et in *Ann. Soc. agric. du Puy*, 1848, t. XII, p. 244, et 1849, t. XIV, p. 112 ; et *Monogr. du* Cynodon, in *Ann. Soc. agric. du Puy*, 1850, t. XV, p. 92 ; Pictet, *Traité de paléont.*, 1853, t. I, p. 207 ; Pomel, *Cat. méth. Vertébr. foss.*, 1854, p. 66 ; Gervais, *Paléont. franç.*, 1859, 2e édit., p. 218. — Pomel place le genre *Cynodon* dans la famille des *Viverridæ* ; Pictet et Gervais, dans celle des *Canidæ*.

(4) P. Gervais, dans sa *Paléontologie française*, p. 418, accuse $\frac{7}{7}$ molaires.

(5) Les *Cynodon* (*Cyn. velaunum*, *Cyn. palustre*) sont des animaux découverts dans les marnes lacustres de Rouzon (miocène inférieur), près du Puy en Velay.

(6) *Elocyon* Aymard, in *Ann. Soc. agric. du Puy*, 1849, t. XIV, p. 110. — Pomel, *Cat. méth. Vertébr. foss.*, 1854, p. 66, considère les *Elocyon* comme constituant une forme sous-générique des *Cynodictis*. Pictet, *Traité de paléont.*, 1853, t. I, p. 207, les regarde comme une forme sous-générique des *Cynodon*. Pomel classe les *Elocyon* parmi les *Viverridæ* ; Pictet, parmi les *Canidæ*.

(7) Ce caractère, dit Pomel, paraît difficilement s'accorder avec la présence d'une seconde tuberculeuse.

La mâchoire inférieure possède : 4 prémolaires, 1 carnassière et 2 tuberculeuses (1).

13° Chez les *Cynodictis* (2), Bravard et Pomel :

Molaires $\frac{6}{7}$. — Disposition dentaire semblable à celle des *Canis*, mais offrant certaines ressemblances avec les dents des *Viverrides*.

La mâchoire inférieure possède : 4 prémolaires, 1 carnassière et 2 tuberculeuses (3).

14° Chez les *Galecynus* (4), Owen :

Molaires $\frac{6}{7}$. — Dents plus serrées et occupant moins d'espace que chez les *Canis* et les *Vulpes* (5).

Mâchoire inférieure possédant une première prémolaire plus petite que chez les *Vulpes*; les troisième et quatrième prémolaires plus grandes, rappelant, par leurs grands tubercules antérieurs et postérieurs, les prémolaires des *Lycaon* plutôt que celles des *Canis*. Dents tuberculeuses se rapprochant au contraire de celles des *Viverræ* (6).

15° Chez les *Galethylax* (7), Gervais :

Sept molaires à la mâchoire inférieure, savoir : 4 prémolaires, dont

(1) On ne connaît qu'une seule espèce fossile d'*Elocyon* : le *Martrides*, des marnes de Rouzon (miocène inférieur), près du Puy en Velay.

(2) *Cynodictis*, Bravard et Pomel, *Note sur les ossem. foss. de la Debruge*, 1850, p. 5; Pomel, *Cat. méth. Vertébr. foss.*, 1854, p. 66; Gervais, *Paléont. franç.*, 1859, 2e édit., p. 216.— *Cynotherium*, Aymard, in *Ann. Soc. agric. du Puy*, t. XIV, p. 110-115. Pictet, *Traité de paléont.*, 1853, t. I, p. 207, classe ce genre, avec les *Cynodon*, dans la famille des *Canidæ*. Pomel, au contraire, considère les *Cynodictis* comme une forme spéciale et distincte de la famille des *Viverridæ*.

(3) Les espèces de ce genre sont : le *Cynodictis lacustris*, des lignites de la Debruge, de la butte Saint-Ferréol près d'Apt (Vaucluse); le *Cynodictis parisiensis* (*Viverra parisiensis* de Cuvier), auquel il faut réunir, d'après Gervais, le *Canis viverroides* de Blainville. Cette espèces provient des *gypses*, de Paris. C'est d'après la mâchoire de cette dernière espèce qu'Aymard a établi son genre *Cynotherium*.

(4) *Galecynus*, Owen, in *Quarterly Journ. Soc.*, 1847, t. III, p. 55.

(5) Le type du genre *Galecynus* avait été primitivement classé parmi les *Vulpes*.

(6) On ne connaît de ce genre qu'une espèce du pliocène d'Œningen, le *Galecynus palustris*, Brown, *Ind. paléont.*, 1848, t. I, p. 521 (*Canis Vulpes fossilis* de Murchison et Mantell, *Œningen foss. Fox.*, 1830; *Canis palustris*, Hermann de Meyer, *Zur fauna der vorwelt Œningen*, pl. 4, fig. 1; *Galecynus œningensis*, Owen, in *Quart. Journ. Geol. Soc.*, 1847, t. III, p. 55).

(7) *Galethylax*, Gervais, *Paléont. franç.*, 1850, 1re édit., p. 132, et 1859, 2e édit., p. 219.

la deuxième plus élevée que les autres, 1 carnassière biradiculée et 2 tuberculeuses, également biradiculées. Dents assez semblables de forme à celles des *Sarigues* (1).

16° Chez les *Arctocyon* (2), de Blainville :

Sept molaires supérieures (celles de la mâchoire inférieure sont inconnues), dont 3 prémolaires (la première uniradiculée, les deux autres biradiculées) ; 1 carnassière trièdre, et 3 molaires tuberculeuses assez semblables aux deux dernières tuberculeuses des *Ratons*, et dont l'intermédiaire est plus forte (3).

17° Chez les *Amphicyon* (4), Lartet:

Molaires $\frac{7}{7}$. — 3 tuberculeuses à la mâchoire supérieure.

Mâchoire inférieure possédant : 4 prémolaires, 1 carnassière et 2 tuberculeuses. — Les canines offrent des arêtes finement dentelées ; les dents molaires sont semblables à celles des *Canis* (5).

18° Chez les *Hemicyon* (6), Lartet :

Même nombre de molaires que chez les *Amphicyon*. Ce genre semble cependant se rapprocher, par quelques détails de ses dents caractéristiques, de certaines espèces de la famille des *Martes*, et en particulier du *Glouton* (7).

(1) On ne connaît qu'une seule espèce de *Galethylax ;* elle provient des gypses de Paris.

(2) *Arctocyon*, de Blainville, *Ostéogr.*, g. *Subursus*, p. 73 (appellation générique que Blainville a changée, à tort, en celles de *Palæcyon* et de *Palæocyon* (non *Palæocyon* de Lund) ; *Arctocyon*, Pictet, *Traité de paléont.*, 1853, t. I, p. 193 ; Gervais, *Paléont. franç.*, 1859, 2° édit., p. 220. — Pictet place ce genre parmi les *Ursidæ.*

(3) Une seule espèce (*Arctocyon primævus*) de l'éocène inférieur des environs de la Fère.

(4) *Amphicyon*, Lartet, in *Compt. rend. Acad. sc. Paris*, 1837, t. V, p. 424, et *Note géol. du dép. du Gers (Annuaire)*, 1839, et *Notice sur la coll. de Sansan*, 1851, p. 16 ; Pictet, *Traité de paléont.*, 1853, t. I, p. 194 ; Pomel, *Cat. méth. Vertébr. foss.*, 1854, p. 69 ; Gervais, *Paléont. franc.*, 1859, 2e édit., p. 214. — Pictet range les espèces de ce genre dans la famille des *Ursidæ*. Lartet, Pomel et Gervais les regardent, au contraire, comme des *Canidæ*.

(5) Ce genre comprend un grand nombre d'espèces du miocène de Sansan (Gers), des terrains tertiaires d'Auvergne et de ceux de la vallée du Rhin. — De Blainville, Pomel et Gervais réunissent aux *Amphicyon* le genre *Agnotherium* de Kaup (*Ossem. foss. du mus. de Darmstadt*).

(6) *Hemicyon*, Lartet, *Notice sur la colline de Sansan*, 1851, p. 16.

(7) Une seule espèce, l'*Hemicyon sansaniensis*, du miocène de Sansan. — « Carnas-

19° Chez les *Pseudocyon* (1), Lartet:

Même nombre de molaires que chez les *Amphicyon*.

« C'est celui des carnassiers, dit Lartet, qui se rapproche le plus du Chien par son système dentaire. »

Les canines des *Pseudocyon* ont, ainsi que celles des *Amphicyon* et des *Hemicyon*, leurs arêtes finement dentelées (2).

20° Chez les *Hydrocyon* (3), Lartet :

Mâchoire inférieure possédant 7 molaires, dont : 4 prémolaires, 1 carnassière et 2 tuberculeuses.

« Les dents caractéristiques, dit Lartet, ont quelque chose d'intermédiaire au Chien et à la Loutre (4). »

Ainsi, comme il est facile de le voir, le genre *Lycorus* se distingue de tous les genres connus de *Canidæ*, puisqu'il possède à la mâchoire inférieure 6 molaires au lieu de 7. Il n'y a que le genre *Cuon* qui est pourvu de 6 molaires; mais, chez celui-ci, les 6 molaires se décomposent en 4 prémolaires, 1 carnassière, et 1 *seule* tuberculeuse; tandis que chez le *Lycorus*, il y a 3 prémolaires au lieu de 4, et 2 tuberculeuses au lieu d'une.

Au point de vue de la forme des dents, le genre *Lycorus* est voisin de celui des *Lupus*. Il est intermédiaire entre les *Lupus* et les *Cuon*, ces Chiens de montagne. Aussi est-ce pour rappeler l'affinité de ce genre avec les *Cuon* et les *Lupus* que je lui ai donné le nom de *Lycorus* (5), Loup de montagne.

sier plus grand que le Loup d'Europe, dit Lartet, et plus voisin du Chien que les *Amphicyon*. » — Gervais, *Paléont. franç.*, explic. de la pl. 28, rapproche l'*Hemicyon* de Lartet des *Hyænarctos*. Pomel, *Cat. méth. Vertébr. foss.*, 1854, p. 72, classe cette espèce, avec un point de doute, il est vrai, parmi les *Amphicyon*, sous l'appellation de *minor*.

(1) *Pseudocyon*, Lartet, *Notice sur la colline de Sansan*, 1851, p. 16.

(2) Une seule espèce, le *Pseudocyon sansaniensis*, du miocène de Sansan. — Pomel, *Cat. méth. Vertébr. foss.*, 1854, p. 72, donne à cet animal le nom d'*Amphicyon Laurillardi*.

(3) *Hydrocyon*, Lartet, *Not. sur la coll. de Sansan*, 1851, p. 17.

(4) Une seule espèce, l'*Hydrocyon sansaniensis*, du miocène de Sansan.

(5) Le mot *Lycyon* (Loup-chien), ou plutôt *Lycuon*, aurait peut-être mieux rendu

Comme les *Cuon*, du reste, les *Lycorus* devaient avoir à peu près les mêmes mœurs et les mêmes instincts. Ils étaient peut-être un peu moins carnassiers ; mais, ensemble, ils parcouraient les montagnes des Alpes-Maritimes, et chassaient leurs proies en donnant de la voix.

§ 3.

Parmi les nombreux ossements fossiles que j'ai recueillis en 1868, dans la caverne Mars de Vence, le *Lycorus nemesianus* se trouve représenté :

1° Par un maxillaire inférieur gauche presque complet, auquel il manque la canine, les incisives et la partie postérieure, c'est-à-dire l'apophyse angulaire, la poulie condylienne et une partie de l'apophyse coronoïde.

2° Par un fragment de la partie antérieure (depuis la canine jusqu'à la carnassière (1) exclusivement) d'un maxillaire droit ayant appartenu à un autre individu. Bien que la symphyse de ce maxillaire s'adapte exactement à celle du maxillaire précédent, ce fragment provient d'un individu un tant soit peu plus petit.

3° Par une troisième prémolaire d'un maxillaire droit inférieur provenant encore d'un autre individu.

4° Enfin, par deux canines inférieures, dont ni l'une ni l'autre ne peuvent exactement s'emboîter dans le trou alvéolaire du

ma pensée ; mais, si je n'ai pas adopté une de ces appellations, c'est que je n'ai pas voulu créer un nom si voisin, comme désinence, de celui de *Lycaon*, et augmenter le nombre de ceux qui se terminent en *cyon*, tels que les suivants :

Palæcyon, Lund ;	*Hemicyon*, Lartet ;
Palæocyon, de Blainville ;	*Amphicyon*, id. ;
Chrysocyon, H. Smith ;	*Pseudocyon*, id. ;
Dusocyon, id. ;	*Hydrocyon*, id. ;
Cerdocyon, id. ;	*Procyon*, Gray ;
Arctocyon, de Blainville ;	*Leucocyon*, id. ;
Icticyon, Lund ;	*Urocyon*, id. ;
Elocyon, Aymard ;	*Otocyon*, Lichtenstein, etc.

(1) Les deux premières prémolaires sont brisées.

fragment n° 2. Chez le maxillaire n° 1, la canine est brisée dans son alvéole.

Ces divers débris dénotent la présence de trois, ou plutôt de quatre individus, car les deux canines sont un tant soit peu différentes en taille et en volume.

Toutes les dents (canines et molaires) sont fortement usées, ce qui prouve que ces animaux étaient, sinon séniles, du moins parfaitement adultes lorsqu'ils ont été enfouis dans cette caverne.

La mâchoire inférieure du *Lycorus nemesianus* (1) offre les caractères suivants :

Les deux maxillaires se réunissent sous un angle de 25 degrés. Les branches sont fortes, épaisses et volumineuses; vues en dessus, elles paraissent se déverser un peu en dehors au niveau des prémolaires; la série dentaire, aperçue de cet aspect, est arquée vers sa partie médiane.

Vu du côté externe, le maxillaire droit (le seul que je vais décrire) diminue insensiblement de la dernière tuberculeuse à la canine. Sa plus grande hauteur, en arrière de la dernière tuberculeuse, est de 32 millim., et de 24 millim. 1/2 en avant de la première prémolaire.

La partie basilaire de ce maxillaire, renflée et très-convexe à partir de la verticale prolongée du milieu de la fosse massétérienne, se concave un tant soit peu au niveau de la verticale prolongée de la deuxième prémolaire, puis se convexe de nouveau jusqu'à l'apophyse géni.

Les dents sont au nombre de 10 : 3 incisives, 1 canine et 6 molaires, soit 20 pour les deux branches de la mâchoire inférieure.

(1) L'appellation spécifique de *nemesianus*, appliquée à cette espèce, est celle de l'ancienne peuplade ligure du pays de Vence. Les géographes et les historiens avaient cru que les anciens habitants de cette contrée s'appelaient *Nerusii*, tandis qu'ils se nommaient *Nemesii*, ainsi que je l'ai démontré par une inscription de Vence. (Voyez, à ce sujet, mon ouvrage sur les *Inscriptions romaines de Vence*, Paris, 1859, 1 vol. in-8, avec 5 planches.)

Je ne connais pas les incisives, que je n'ai pu recueillir.

La *canine* (hauteur de la partie émaillée, 20 millim.; longueur maximum de la dent, avec la racine, 47 millim.) est courte, récurrente, brièvement acuminée à sommet émoussé. Comprimée sur les côtés, cette dent, de forme ovalaire, offre en arrière une ligne âpre assez prononcée. Cette canine est moins récurrente, plus courte et moins aiguë que celle du *Lupus spelæus*.

Entre la canine et la première prémolaire se trouve un intervalle de 11 millim., un tant soit peu creusé. A partir de cet intervalle, commence la série dentaire, qui s'étend sur une longueur de 84 millim. Cette série se compose de trois prémolaires, d'une carnassière et de deux tuberculeuses, dont la dernière, fort exiguë, ne possède qu'une seule racine, tandis que toutes les autres dents sont biradiculées.

Il existe encore un petit intervalle entre la première et la deuxième prémolaire, ainsi qu'un autre entre la deuxième et la troisième prémolaire. La troisième prémolaire et la carnassière se croisent un peu à leur point de jonction ; quant aux autres dents, elles se touchent.

La *première prémolaire* (haut. 8 millim., long. 12 millim., épaiss. 5 millim 3/4) est une dent triangulaire, à un seul lobe légèrement récurrent, pourvu, en arrière et en avant, d'une arête assez acérée. Cette dent est en outre caractérisée, en avant, par un faible renflement tuberculeux ; en arrière, à la base postérieure du grand lobe, par un second renflement tuberculeux; seulement celui-ci est coniforme et simule un petit denticule. Du côté externe, cette prémolaire est convexe, tandis que du côté interne elle présente une légère dépression en arrière du grand lobe, au niveau du petit denticule. La couronne est bien saillante dans tout le pourtour.

La *deuxième prémolaire* (haut. 8 mill. 1/2, long. 13 mill. 1/2, épaiss. 7 mill. 1/2) est exactement semblable, comme forme, à la première, seulement en plus grand. Le tubercule postérieur est plus accentué; il forme un vrai denticule. A la base et en arrière de ce denticule, la couronne se relève un tant soit peu, comme pour former le rudiment d'un autre petit denticule, denticule qui, chez la dent suivante, est parfaitement prononcé.

La *troisième prémolaire* (haut. 9 millim., long. 16 millim., épaiss. 8 millim.) est encore exactement semblable à la deuxième prémolaire. Chez celle-ci, le denticule postérieur devient un véritable lobe dentaire aux arêtes tranchantes, et le dernier petit denticule (qui, chez la dent précédente, était à l'état rudimentaire) est, chez celle-ci, très-prononcé, à sommet coniforme.

La *carnassière* (haut. 15 millim., long. 28 millim., épaiss. 11 millim.), la plus forte et la plus robuste dent du maxillaire, offre :

1° Un lobe antérieur triangulaire.

2° Un second lobe médian, épais, faiblement incliné en arrière, de forme pyramidale, à la base duquel, du côté interne, se dresse un denticule conique en forme de pointe.

3° Enfin, un talon tuberculeux peu élevé, caractérisé par deux éminences émoussées, dont l'interne est la plus petite.

La *première tuberculeuse* (haut. 6 mill., long. 10 mill. 1/2, épaiss. 8 mill. 1/4), qui ne dépasse pas, en hauteur, le talon de la carnassière, est une dent de forme subtétragone. Elle est pourvue, en dessus, de trois éminences dentaires, dont les deux antérieures, surtout l'externe, sont peu élevées et beaucoup plus fortes que la postérieure. Au niveau de cette troisième éminence postérieure, mais du côté interne, cette dent présente une dépression assez sensible.

La *seconde tuberculeuse* (long. 3 mill., épaiss. 2 mill. 1/2), la plus petite des dents, de forme arrondie, bombée en dessus, ne dépasse pas la première tuberculeuse.

Les *trous mentonniers*, au nombre de deux, se trouvent situés : le plus grand, au-dessous de la première prémolaire ; le plus petit, au-dessous de la deuxième.

L'orifice du *canal dentaire* est obliquement ovalaire.

La crête ailée qui forme l'*apophyse coronoïde* s'élève brusquement, presque verticalement en arrière de la deuxième tuberculeuse.

La *fosse massétérienne* (dans sa partie antérieure, la seule que je connaisse) paraît profonde ; son bord inférieur est peu limité.

D'après ces fragments de maxillaire dont je viens de signaler les caractères, on peut remarquer, par la disposition et par la forme des molaires, molaires analogues à celles des *Lupus*, que le *Lycorus nemesianus* devait avoir à peu près les mêmes goûts et posséder les mêmes instincts que les Loups. Les dimensions de la mâchoire du *Lycorus* dénotent encore un animal de la taille du *Lupus spelæus ;* seulement l'écartement angulaire des branches indique, chez le *Lycorus*, un museau plus effilé, un tête moins large et plus allongée que celle des Loups.

§ 4.

Les espèces de la famille des *Canidæ* constatées en France à l'état fossile, soit dans les cavernes, soit dans les dépôts de notre période actuelle (dite quaternaire), sont peu nombreuses. Je n'en connais que neuf espèces :

1° *Canis ferus*, avec ses variétés, classées sous le titre de *Canis familiaris*.
2° *Lupus* (1) *spelæus*.
3° *L. vulgaris*.
4° *L. neschersensis*.
5° *Lycorus nemesianus*.
6° *Cuon europæus*.
7° *C. Edwardsianus*.
8° *Vulpes vulgaris*.
9° *V. minor*.

(1) Un grand nombre de naturalistes ont confondu les *Lupus* avec les *Canis*, et regardent même le Chien comme un descendant perfectionné du Loup. Je suis loin de partager cette opinion. Je crois que les Chiens ont existé aux époques préhistoriques en même temps que les Loups. C'est pour ce motif, bien qu'il existe entre les ossements des animaux de ces deux genres peu de différences ostéologiques (*), que je sépare les *Lupus* des *Canis*.

(*) Les *Lupus*, d'après G. Cuvier (*Ossem. foss.*, 1836, 4e édit., t. VII, p. 466), se distinguent des *Canis :* par la partie triangulaire du front en arrière des orbites un peu plus plate et plus étroite ; par la crête sagitto-occipitale plus longue et plus relevée ; par les dents, surtout les canines, plus grosses à proportion.

Canis ferus.

J'établis cette nouvelle appellation à la place de celle de *Canis familiaris fossilis*, parce que je considère le Chien des plus anciennes époques préhistoriques comme un *animal sauvage* que l'Homme, à la suite des temps, est parvenu à domestiquer.

Je suis de l'avis du savant paléontologiste Pictet, de Genève.

« Le fait le plus remarquable, dit Pictet (1), qui ait été signalé sur les Chiens des terrains diluviens, est l'existence d'une espèce qui a la plus grande analogie avec le Chien domestique, et qui a été inscrite dans les catalogues de paléontologie sous le nom de *Canis familiaris fossilis*.

» Nous excluons, ajoute Pictet, d'abord une idée que le nom qui a été imposé à cette espèce semblerait justifier. Le Chien dont les ossements ont été conservés dans les dépôts diluviens ne peut pas avoir été domestique, et, malgré l'autorité de M. de Serres, je n'y puis voir qu'un animal sauvage. Ce paléontologiste se fonde sur quelques différences de taille indiquant, selon lui, des races qui ne peuvent tenir qu'à l'influence de la domesticité; mais la rareté ou l'absence des ossements humains et des débris de son industrie, ainsi que le mélange des os du *Canis familiaris fossilis* avec ceux de tous les autres Carnassiers sauvages, m'empêche d'admettre cet état de domesticité. Je crois que ces formes sont, en conséquence, indépendantes de toute influence extérieure, et qu'il doit être comparé au Loup, au Chacal, au Renard, etc., dont les variations sont peu étendues, et non aux races innombrables des Chiens domestiques. Il constitue ainsi une *espèce sauvage* parfaitement distincte de toutes celles qui vivent aujourd'hui dans cet état. Les caractères tirés des os et des dents montrent que cette espèce était plus voisine du Chien domestique que n'en sont le Loup et surtout le Renard. Si donc on admet que plusieurs espèces ont passé de l'époque diluvienne à la nôtre, il est possible que ce Chien sauvage ait

(1) *Traité de paléontologie*, 1853, t. I, p. 203.

été la souche de nos Chiens domestiques. Sans vouloir entrer ici dans une discussion sur l'origine des races de Chiens, je rappellerai qu'il est impossible de les attribuer au Renard (1), mais que l'on a discuté sur le plus ou moins de probabilité que ces diverses races de Chiens domestiques proviennent du Loup ou du Chacal. Le fait que nous signalons ici peut prouver peut-être, comme le fait observer M. de Blainville (2), que ce n'est dans aucune des espèces sauvages actuelles que le Chien domestique a pris sa source, mais bien dans une espèce qui aurait vécu à l'époque diluvienne et survécu aux inondations qui ont terminé cette période en submergeant la plus grande partie de l'Europe. Les premiers Hommes qui ont habité notre continent auraient cherché à utiliser cette espèce, qui avait probablement un caractère plus sociable et plus doux que le Loup, et cette même douceur de mœurs peut être considérée comme une explication de son entière extinction actuelle. Ce qui nous paraît certain, c'est l'existence, à l'époque diluvienne, dit Pictet en terminant, d'une ou de plusieurs espèces sauvages, plus voisines du Chien domestique que ne le sont aujourd'hui le Loup, le Chacal et le Renard. »

Je partage entièrement, à cet égard, l'opinion du savant paléontologiste de Genève ; je ne suis pas le seul à avoir cette opinion.

MM. Rames, Garrigou et Filhol (3), dans leur *Histoire de l'Homme fossile des cavernes de Lombrives et de Lherm, dans l'Ariége*, signalent des ossements de *vrais Canis*, ossements qui ne peuvent être, selon eux, rapportés au *Canis familiaris*.

« Ces ossements de Chiens, disent ces auteurs, sont très-différents de ceux du Renard et du Chacal ; ils ne peuvent non plus

(1) La raison principale qui empêche de considérer le Renard comme la souche des Chiens domestiques, est que la pupille est toujours ronde chez ces derniers, tandis qu'elle est allongée chez le Renard.

(2) Voyez son *Ostéographie*, à la monographie des Chiens.

(3) *L'Homme fossile des cavernes de Lombrives et de Lherm*, p. 60, 67 et 69. Voyez encore Garrigou, *Étude sur les crânes de la caverne de Lombrives* (extr. du *Bull. Soc. anthrop. de Paris*, 1865).

être regardés comme ceux d'une race de Chien domestique, et cela parce que nous avons trouvé quatorze de ses dents canines percées par l'Homme, qui devait les porter comme ornement ou comme trophée. Il est très-probable que pour s'en parer, il les enlevait à un animal dont il faisait sa proie, et non à un Chien domestique. »

Ces auteurs signalent (1) également, de la caverne de Saleich (Haute-Garonne), deux dents canines de cette même espèce de Chien : l'une percée, l'autre intacte.

Cette appréciation de MM. Rames, Garrigou et Filhol a un certain poids, parce qu'elle est juste au fond. On sait en effet que les Hommes des époques préhistoriques aimaient à se parer des défenses des animaux sauvages. Dans presque toutes les stations humaines, et dans la plupart des grottes sépulcrales, etc., on a trouvé des quantités de dents, surtout des canines de *Sus*, de *Lupus*, d'*Ursus arctos* ou *spelœus*, percées d'un trou. Ces dents servaient d'amulettes ou d'ornements.

Il est donc présumable que ces canines de Chiens des cavernes de Saleich, de Lherm et de Lombrives étaient celles de Chiens sauvages, du *Canis ferus* non encore domestiqué.

Plus tard, à la suite des temps, comme ce *Canis*, ainsi que le pense Pictet, et je pense comme lui, avait un caractère plus doux et plus sociable que celui du Loup, l'Homme est parvenu à en faire son fidèle compagnon.

Lorsque j'attribue à ces Chiens des époques préhistoriques la désignation de *Canis ferus*, je ne veux pas faire entendre par là que *tous* les Chiens dont on retrouve les ossements aient été sauvages. Les premiers, c'est-à-dire les plus anciens, ont vraisemblablement été sauvages ; mais, dans la suite des temps, lorsque les Hommes se sont multipliés, ils ont dû parvenir à domestiquer les descendants de ces *Canis*. C'est aux seuls débris de ces Chiens que l'on peut appliquer, je pense, l'appellation de *familiaris* donnée par les auteurs.

J'ai reconnu, dans la période actuelle, improprement nommée

(1) Même ouvrage, p. 70.

quaternaire, dans cette période qui s'étend du pliocène jusqu'à nos jours, quatre phases bien distinctes de vitalité.

Dans la première, la plus ancienne, celle que je nomme *éozoïque*, je n'ai jamais pu découvrir la moindre trace de l'Homme.

Dans la seconde, moins ancienne (phase *dizoïque*), on commence à peine à percevoir quelques faibles indices de l'existence humaine ; les *Canis* de cette phase devaient donc être sauvages.

Dans la troisième (phase *trizoïque*), contemporaine des hauts niveaux de la Seine et de la plupart de nos fleuves, l'Homme apparaît sur tous les points. C'est sans doute dans cette phase qu'a dû commencer la domestication du *Canis ferus*, domestication qui a continué dans la quatrième (phase *ontozoïque*), dans celle où nous nous trouvons en ce moment.

Je ne connais pas un seul débris de *Canis ferus* dans la phase éozoïque. A cette époque, les *Canidæ* étaient représentés par le *Lycorus nemesianus* et par les deux *Cuon europæus* et *Edwardsianus*.

A la phase dizoïque, le *Lycorus nemesianus* et le *Cuon europæus* disparaissent, seul le *Cuon Edwardsianus* se montre avec les premiers Chiens sauvages.

Ces Chiens, ou plutôt les débris de ces Chiens, ont été trouvés dans la caverne de Lunel-Viel, près de Montpellier (Hérault), et signalés par MM. de Serres, Dubreuil et Jeanjean (1).

Je rapporte au *Canis ferus* les deux fragments de mâchoire supérieure figurés pl. 2, fig. 1 et 2, et divers débris d'ossements mentionnés par ces auteurs (2).

Ces deux fragments de mâchoire supérieure possèdent, l'un la carnassière et la première tuberculeuse, l'autre les deux tuberculeuses.

Les dimensions de ces dents supérieures (d'après M. de Serres),

(1) *Rech. Ossem. humat. cav. de Lunel-Viel*, 1839, p. 73.

(2) J'excepte cependant la mâchoire inférieure représentée pl. 2, fig. 3, qui est celle d'un *Cuon*, et non d'un *Canis*.

comparées avec leurs analogues chez le Loup et le Chien d'arrêt, sont :

	Chien de Lunel-Viel.	Loup.	Chien d'arrêt.
Longueur de la carnassière..........	22 millim.	24 millim.	19 millim.
Diamètre transversal de la première tuberculeuse....................	19	21	18
Diamètre transversal de la deuxième tuberculeuse....................	13	12	11

D'après ces mesures, il résulte que le Chien de la caverne de Lunel-Viel avait la dernière tuberculeuse plus large que celle du Loup, ce qui dénote une moins grande férocité.

Ce *Canis* était intermédiaire, comme taille, entre le Loup et le Chien courant de nos jours.

A la phase trizoïque, les Chiens paraissent plus nombreux.

Schmerling (1) a recueilli un grand nombre de débris de Chiens dans les cavernes d'Engis, de Chokier, de Goffontaine, d'Engishoul et de Fond-de-Forêt, près de Liége en Belgique. La plupart de ces débris ont été représentés dans son ouvrage (pl. 1, fig. 25-32; pl. 2, fig. 1-8, et pl. 3, fig. 1-4).

Ces débris, qui consistent en de nombreux ossements (1 crâne, 2 maxillaires inférieurs, humérus, radius, cubitus, fémur, tibia, etc.), montrent qu'il existait, à l'époque des dépôts de ces cavernes, un Chien le double plus fort que l'autre. Le Chien le plus fort devait être de la taille du Chien d'arrêt. Ces débris sont cependant trop incomplets pour que l'on puisse déterminer avec certitude les races auxquelles pouvaient appartenir ces deux formes de Chiens.

J'ai moi-même recueilli, dans une couche de la caverne Fontamie, dans le vallon de la Siagne, près de Saint-Césaire (Alpes-Maritimes), couche contemporaine de la phase trizoïque, quelques ossements de Chiens. Le plus grand nombre de ces ossements étaient analogues à ceux du Chien de berger (*Canis domesticus*, Linn.), et les autres à ceux d'une grande espèce de Dogue, au

(1) *Rech. Ossem. foss. de Liége*, 1834, t. II, p. 19.

Canis Molossus, Linnæus. Ces Chiens étaient incontestablement domestiqués, car j'ai trouvé, avec leurs ossements, une assez grande quantité de débris de l'industrie humaine.

J'ai encore à signaler une mâchoire inférieure recueillie par moi dans un dépôt des hauts niveaux de la Seine, au village des Noës, près de Troyes (Aube). Cette mâchoire inférieure, de même date que les ossements dont je viens de parler, était celle d'un Chien de berger (*Canis domesticus*), autant que je puis l'affirmer, d'après les termes de comparaison que j'ai pu trouver au Muséum de Paris.

Enfin, dans la quatrième phase, la phase ontozoïque, dans celle qui se continue de nos jours, les Chiens deviennent de plus en plus nombreux, et leurs ossements ont été rencontrés dans presque toutes les stations humaines.

J'en ai découvert un assez grand nombre dans une caverne située sur le plan de Nove, à 4 kilomètres au nord de Vence (Alpes-Maritimes). Mais le lieu où j'ai recueilli le plus de débris de *Canidæ*, est incontestablement une grotte inconnue, découverte par moi au lieu dit des Clapiers, à 3 kilomètres au N. O. de Saint-Césaire, près de Grasse.

Dans cette grotte, que j'ai nommée *grotte Camatte*, j'ai trouvé une collection complète de *Canis*.

Parmi les débris de ces Chiens, j'ai reconnu ceux des :

Chien basset (*Canis vertagus*, Linnæus) ;
Chien courant (*Canis gallicus*, Linnæus) ;
Chien d'arrêt (*Canis avicularius*, Linnæus) ;
Chien de berger (*Canis domesticus*, Linnæus).

Puis deux espèces de Lévriers, dont l'un le *Canis graius* (Linnæus), et l'autre, plus grand, dont je n'ai pu trouver de termes de comparaison.

Enfin, j'ai encore récolté en cet endroit une espèce que je rapporte, bien qu'avec doute, au Chien-loup (*Canis pomeranus*, Linnæus), et divers débris qui pourraient avoir appartenu à diverses races de Chiens dogues.

Je crois devoir maintenant donner la liste des localités où l'on a découvert encore des ossements de *Canis*. Comme il m'a été impossible de vérifier l'âge des dépôts où ces ossements ont été trouvés, et comme je n'ai pu examiner ces débris, je ne donne la liste suivante qu'à titre de simple renseignement.

Ainsi, le Chien sauvage ou différentes races de Chiens domestiqués ont été signalés sous les appellations :

1° De *Canis familiaris* (Chien très-voisin du Chien ordinaire), de la caverne de Fausan, ou Aldenne, près de Minerve (Hérault) (1).

2° De *Canis* (espèce plus petite que le Loup, mais bien différente du Renard), dans la caverne d'Echenoz, dans la Haute-Saône (2).

3° De *Chien*, de la caverne de Piplart, au hameau de Soute (Charente-Inférieure), et de celle de Lhommaizé, à 20 kilomètres de Poitiers (Vienne) (3).

4° De *Chien*, de la Vallières-les-Grandes, au hameau des Caves, non loin d'Amboise (4).

5° De *Canis* (espèce de taille ordinaire), de la baume de Balot, près de Châtillon-sur-Seine (5). Ce *Canis* a été mentionné par l'ingénieur Belgrand, dans son grand ouvrage de *la Seine* (6);

6° De *Chien de grande taille*, d'une couche de marne blanche de 1m,50 d'épaisseur, à mi-côte, sous un éboulis qui couronne les coteaux du vallon de la rivière de Cœuvres, à 12 kilomètres en aval de Soissons (Aisne) (7). Cette découverte a été également signalée par l'ingénieur Belgrand, à la page 173 de son ouvrage *la Seine, ou le bassin parisien aux âges préhistoriques*, 1869.

(1) Marcel de Serres, *Essai sur les cav. à ossem.*, 1838, 3e édit., p. 151.

(2) Marcel de Serres, *Essai sur les cav. à ossem.*, 1838, 3e édit., p. 147.

(3) Garrigou, *Étud. comp. des alluv. anc. et des cav. à ossem.*, 1865, p. 25 et 27.

(4) Garrigou, *loc. supr. cit.*

(5) Beaudouin, *Not. géol. sur une cav. à ossem. des envir. de Châtillon* (Côte-d'Or), 1843, p. 5.

(6) *La Seine; le bassin parisien aux âges préhistoriques*, 1869, p. 158.

(7) Watelet, in *Argus soissonnais*, du 16 févr. 1864, et in *Bull. Soc. géol. France*, t. XXI, p. 289, et t. XXII, p. 32.

7° De *Chien*, des cavernes de Tarascon (Ariége). — « Les fragments que nous avons retirés de diverses grottes de la pierre polie indiquent un animal que Rutimeyer a trouvé très-semblable à notre Chien d'arrêt, mais plus fort que celui des Pfahlbauten (1). »

8° De *Chien*, de la grotte de Montesquieu, à 4 kilomètres de Saint-Girons (Ariége) (2).

9° De *Chien*, d'une couche argileuse aux environs de Nancy (3), etc., etc.

LUPUS SPELÆUS.

CANIS SPELÆUS, Goldfuss, in *Nova Acta Acad. nat. cur.*, t. XI, 2, p. 451, pl. XI.

LUPUS SPELÆUS, de Blainville, *Ostéogr.*, monogr. du genre CANIS, p. 101.

Un grand nombre de paléontologistes ont rapporté les débris de cette espèce au *Lupus vulgaris* actuel. Quelques auteurs, cependant, croient que le *Lupus* des temps préhistoriques, bien que très-voisin par ses caractères ostéologiques du Loup vulgaire, doit être conservé comme espèce.

Pomel (4), au sujet du *Lupus spelœus*, exprime ainsi son opinion : « Espèce peu différente du Loup, auquel plusieurs auteurs l'ont identifié. On n'a encore, il est vrai, signalé de différences autres qu'une taille un peu plus forte et plus robuste pour le fossile. Nous en avons reconnu de plus importantes dans l'étendue du canal ptérygoïdien ou des arrière-narines, qui militent en faveur de la distinction des espèces. »

Bien que Schmerling (5) ne croie pas à l'existence de deux espèces de *Lupus*, il reconnaît néanmoins des différences entre le grand Loup fossile et le Loup vulgaire actuel. « Il m'a paru,

(1) Garrigou et Filhol, *Sur les cav. de l'âge de la pierre suisse dans la vallée de Tarascon*.

(2) Félix Regnault, *Fouilles dans la grotte de Montesquieu* (Ariége).

(3) Mougeot, *Ossem. hum. et de grands Mamm. foss. des Vosges*, in *Ann. Soc. d'émul. des Vosges*, séance du 16 juin 1864.

(4) *Cat. méth. Vertébr. foss.*, 1854, p. 68.

(5) *Rech. ossem. foss. de Liége*, 1834, t. II, p. 25.

comme l'avait déjà observé Goldfuss, dit Schmerling, que dans le Loup fossile la crête sagittale s'élève davantage et s'abaisse en même temps plus vers sa partie postérieure que dans le Loup commun. »

MM. Marcel de Serres, Dubreuil et Jeanjeau, quoique n'admettant pas également l'existence de deux espèces, constatent (1) cependant que le maxillaire inférieur de *Lupus* trouvé dans la caverne de Lunel-Viel, près de Montpellier, est plus fort et plus robuste que celui du Loup.

De plus, ces savants auteurs signalent encore une plus grande hauteur « depuis le bord alvéolaire jusqu'au bord inférieur », et reconnaissent :

1° Que « le bord antérieur des prémolaires, quoique bien tranchant, paraît plus incliné en arrière » que chez le Loup;

2° Que l'écartement qui existe entre chacune des prémolaires est beaucoup plus grand chez le Loup actuel que chez celui de la caverne de Lunel-Viel, où les prémolaires se touchent presque.

Malgré ces différences et bien d'autres plus ou moins importantes, relatées çà et là dans les ouvrages, la plupart des paléontologistes n'admettent cependant qu'une espèce.

Je crois que la véritable cause de cette erreur de spécification provient de la confusion que l'on fait des débris de deux espèces, du *Lupus spelæus* et du *Lupus vulgaris*, qui toutes les deux existaient simultanément dans les temps préhistoriques.

Je rapporte au *Lupus spelæus :*

1° Le maxillaire de la caverne de Lunel-Viel, près de Montpellier, maxillaire non figuré, mais décrit par MM. M. de Serres, Dubreuil et Jeanjean (2).

2° Les débris de *Lupus* figurés par Schmerling (3) et provenant des cavernes de Chokier, de Fond-de-Forêt, etc., aux environs de Liége, en Belgique.

(1) *Rech. ossem. hum. cav. de Lunel-Viel*, 1839, p. 72.

(2) *Rech. ossem. humat. cav. de Lunel-Viel*, 1839, p. 72.

(3) *Rech. ossem. foss. de Liége*, 1834, atlas, 2, pl. 3, fig. 5 à 10, et pl. 4, fig. 2.

Ces débris, représentés par Schmerling (notamment à la pl. 3, fig. 10, et pl. 4, fig. 2), sont ceux d'un Loup énorme qui incontestablement devait être différent du Loup vulgaire actuel.

3° Les débris, signalés par Pomel (1), de l'atterrissement de la Tour-de-Boulade, de Coudes, et de Montaigu-le-Belin, en Auvergne.

Lupus (2) vulgaris.

Lupus vulgaris, Klein, *Quadrup. Disposit.*, etc., 1751, p. 70.
L. vulgaris, Brisson, *le Règne animal divisé en neuf classes*, 1756, p. 235.
Canis Lupus de la plupart des auteurs.

Cette espèce est le *Loup vulgaire* qui vit actuellement en France.

Cet animal a existé, conjointement avec le grand *Lupus spelæus*, dès les temps les plus reculés de notre période.

Ainsi, j'ai recueilli quelques débris de cette espèce dans le trou Bonhomme, à 3 kilomètres de Saint-Césaire, près de Grasse (Alpes-Maritimes), en compagnie d'une immense quantité d'ossements de Chevaux, de Cerfs et de Rongeurs de toutes sortes.

Les dépôts du trou Bonhomme remontent à la seconde phase de vitalité, à la phase dizoïque.

Les débris de ce *Lupus* consistent :

1° En un fragment de mâchoire supérieure dextre comprenant les deux tuberculeuses, la carnassière et la dernière prémolaire ;

2° En un fragment de maxillaire droit inférieur possédant la carnassière et les quatrième et troisième prémolaires;

3° Enfin, en deux canines inférieures.

Chez le fragment du maxillaire inférieur, les prémolaires, comme l'a fait judicieusement observer M. Marcel de Serres, ne se touchent pas comme chez le *L. spelæus*, mais sont séparées les unes des autres par un espace appréciable.

(1) *Cat. Vertébr. foss.*, 1854, p. 68.

(2) Le genre *Lupus* a été régulièrement établi par Jean Raius, in *Synopsis meth. Animalium quadrupedum*, etc., en 1693, puis adopté par Klein en 1751, par Brisson en 1756, etc., etc.

J'ai également trouvé quelques ossements du *Lupus vulgaris* dans une couche de la grande caverne des Demoiselles, près de Saint-Beauzille du Putois, à 40 kilomètres au nord de Montpellier, couche que je considère comme contemporaine du dépôt du trou Bonhomme.

Schmerling (1) a constaté et a fait figurer quelques débris du Loup actuel des cavernes de Goffontaine, d'Engis, de Chokier et de Fond-de-Forêt, près de Liége, en Belgique.

Le Loup vulgaire, sous l'appellation de *Canis Lupus*, ou bien même improprement sous celle de *Canis spelæus* (2), a encore été signalé :

1° Dans les grottes du rocher d'Aurensan, près de Bagnères de Bigorre (Haûtes-Pyrénées), par Philippe (3), ainsi que par E. et Ch. Frossard (4).

2° Dans la grotte de la Vache, vallée de Niaux, près de Tarascon (5); dans celle de Lherm (Ariége) (6), ainsi que dans celle de Mas-d'Azil (7), également dans l'Ariége.

3° De la station préhistorique d'Aurignac, sur le versant nord de la montagne de Fayoles (Haute-Garonne), par Ed. Lartet (8).

4° Des cavernes de Sallèles, de Bize et de l'Hermite, dans l'Aude, par M. de Serres (9).

(1) *Rech. ossem. foss. de Liége*, 1834, t. II, p. 22 et suiv., et pl. IV, fig. 1 4.

(2) Non *Lupus spelæus !*

(3) Philippe, *Mém. cav. à ossem. des environs de Bagnères de Bigorre*, in *Act. Soc. Linn. de Bordeaux*, 1852, t. XVIII, p. 133.

(4) E. et Ch. Frossard, *Note sur une grotte, etc., à Bagnères de Bigorre* (extr. du *Bull. Soc. Ramond*, 1870, p. 8).

(5) Garrigou, *Age du Renne dans la grotte de la Vache* (extr. du *Bull. Soc. d'hist. nat. de Toulouse*, 1867, p. 3).

(6) Rames, Garrigou et Filhol, *l'Homme fossile des cav. de Lombrives et de Lherm*, 1862, p. 76.

(7) Trutat, *Galerie des cav. du Mus. d'hist. nat. de Toulouse*, in *Illustration du Midi*, numéro du 15 août 1865, p. 250-251.

(8) Ed. Lartet, *Sur la coexistence de l'Homme et des grands Mammifères fossiles*, in *Ann. sc. nat.* Zool., t. XV, p. 194.

(9) Marcel de Serres, *Essai sur les cav.*, 1838, 3e édit., p. 139. Voy. encore Trutat, *Galer. cav. Mus. de Toulouse*, in *Illustration du Midi*, numéro du 15 août 1865.

5° De la caverne de l'Avison, près Saint-Macaire (Gironde) (1).

6° Des brèches osseuses de las Pelenos, à Monsempron, à 50 mètres au-dessus du Lot (2).

7° De la Vallières-les-Grandes, au hameau des Caves, non loin d'Amboise, et à Saint-Agnan, dans la vallée du Cher (3).

8° Des sablières des bas niveaux de la Seine, à Levallois-Perret près Paris, par Reboux (4).

9° Du trou de la Fontaine, près de Toul, par Husson (5).

10° De la grotte des Fées de Chatelperron, sur la rive droite de la rivière de Chatel et près du chemin de fer des mines de houille de Bert, à Dampierre (commune de Vaumas et de Chatelperron) (6).

11° De la grotte de la Naulette et du trou de Praule, dans la vallée de la Lesse, en Belgique (7), etc., etc.

Lupus neschersensis.

Canis neschersensis, Croizet, *in* Blainville, *Ostéogr.* genre Canis, p. 126, pl. 13

C. neschersensis, Pomel, *Catal. méth. Vertébr. foss.*, 1854, p. 69.

C. neschersensis, Gervais, *Paléont. franç.*, 1859, 2e édit., p. 213.

Cette espèce a été établie d'après un maxillaire gauche auquel il manque la première prémolaire, la deuxième tuberculeuse et la partie postérieure de l'os, c'est-à-dire l'apophyse coronoïde.

« La grandeur et la forme de ce maxillaire, dit Blainville, rappellent assez bien celui du Chacal, mais encore mieux peut-être celui d'un jeune Loup de la variété *Lycaon*, qui habite surtout les Pyrénées. Ce rapprochement me paraît tout à fait

(1) M. de Serres, *Essai sur les cav.*, 1838, 3e édit., p. 155.

(2) J. Lud. Combes, *Étud. géol. sur l'ancienneté de l'Homme et sur sa coexistence avec div. anim. d'esp., etc., dans la vallée du Lot et ses affluents*. Agen, 1865.

(3) Bouvet, *Grotte de Vallières, située sur l'Amasse* (*Loir-et-Cher*). Voy. encore Garrigou, *Étud. comp. des cav. à ossem.*, 1865, p. 27.

(4) Belgrand, *la Seine; le bassin parisien aux âges préhistoriques* (texte), 1869, p. 191 et 227.

(5) Husson, *Nouv. Rech. sur l'Homme foss. aux envir. de Toul.*

(6) Bailleau, *Grotte des Fées de Chatelperron*, in *Bull. Soc. émul. de l'Allier.*

(7) Dupont, *Étud. sur trois cav. de la Lesse* (extr. du *Bull. Acad. roy. de Belgique*, 1866, p. 4 et 1[illegible]).

confirmé par le système dentaire, qui est exactement le même, pour les proportions comme pour les formes, que celui d'un assez jeune individu de Loup noir que j'ai actuellement sous les yeux, et, entre autres, pour la forme large, comprimée et nettement denticulée des avant-molaires et de la carnassière. »

En sorte, ajoute Blainville, que « je n'hésite pas à considérer ce maxillaire comme tout à fait semblable à celui du petit Loup de montagne (*Canis Lycaon*) ».

Ce maxillaire offre les proportions suivantes :

Espace occupé par les molaires	77 millim.
Hauteur de l'os en avant de la première prémolaire	14
Hauteur de l'os en arrière de la dernière tuberculeuse	19,5
Hauteur maximum de la partie émaillée de la canine	19
Largeur maximum de la canine	6
Longueur de la deuxième prémolaire	10,5
Longueur de la troisième prémolaire	12
Longueur de la quatrième prémolaire	14
Longueur de la carnassière	23
Longueur de la première tuberculeuse	9

Le débris de cet animal a été trouvé dans les alluvions de Neschers, près d'Issoire, en Auvergne.

Cette espèce, intermédiaire comme taille entre le Chacal et le Loup, avait été primitivement considérée par Pomel (1), sous l'appellation de *Canis spelœus minor*, comme une petite forme du grand Loup des cavernes, le *Lupus spelœus*. Depuis, cet auteur a rectifié cette erreur (2), en adoptant comme espèces distinctes, le *spelœus* et le *neschersensis*.

LYCORUS NEMESIANUS.

Je ne rappelle ici le *Lycorus nemesianus* que pour marquer la place que je lui assigne parmi les *Canidæ*.

Cet animal est intermédiaire entre les Loups et les *Cuon*.

(1) In *Bull. Soc. géol. franç.*, 1846, p. 204.

(2) *Cat. Vertébr. foss.*, 1854, p. 69.

Cuon europæus.

Cuon europæus, Bourguignat, *Note complém. sur diverses espèces de Moll. et de Mamm., etc., de Vence*, 1868, p. 8.

Cet animal, dont j'ai donné les caractères de la mâchoire dans le chapitre précédent, était de la taille du Loup ordinaire, et devait ressembler aux *Cuon* de l'Himalaya, espèces à tête fine, à museau allongé, et douées d'une grande agilité.

La dentition de l'*europœus* dénote des instincts carnassiers. Comme ses congénères d'Asie, il devait chasser en troupe, donner de la voix et s'abriter sous les rochers.

C'est dans la caverne Mars de Vence, dans les Alpes-Maritimes, que j'ai fait la découverte des ossements de cet animal.

Cuon Edwardsianus.

MM. Marcel de Serres, Dubreuil et Jeanjeau ont réuni ou plutôt ont confondu sous le nom de *Canis familiaris* (1), non seulement diverses espèces ou races de Chiens sauvages, mais encore un animal du genre *Cuon*.

Les débris de cet animal consistent en deux maxillaires figurés pl. 2, fig. 3 de leur ouvrage. L'une des branches, celle de droite, a perdu presque toute l'apophyse coronoïde, la partie condylienne et sa première prémolaire ; l'autre branche, celle de gauche, est complète, jusqu'à la carnassière inclusivement.

Or, la branche droite de ce maxillaire possède quatre prémolaires, une carnassière, et seulement comme les *Cuon*, une seule tuberculeuse.

Voici de quelle façon ces auteurs expliquent (p. 74) l'absence de cette tuberculeuse.

« On cherche en vain, dans ce maxillaire, disent-ils, la petite tuberculeuse que l'on voit, chez le Loup et le Renard, en arrière de la dent qui suit la carnassière ; toutefois cette dent paraît avoir existé dans certains maxillaires de Chiens, où l'on aperçoit

(1) *Rech. ossem. hum. cav. de Lunel-Viel*, 1839, p. 73 et suiv.

encore les alvéoles, qui, sur d'autres, se montrent oblitérés (1).

» L'absence de la dernière tuberculeuse, dans certains maxillaires inférieurs des Chiens de cavernes tiendrait-elle uniquement à la différence d'âge des individus où elle existe, comparés à ceux où l'on n'en voit plus de traces?

» Les Chiens ensevelis dans les cavernes de Lunel-Viel ressemblent davantage au Chien, tel qu'on suppose qu'il était avant d'avoir subi l'influence de l'Homme, qu'à la plupart des races domestiques, puisqu'ils paraissent intermédiaires entre le Loup et le Chien d'arrêt; leur museau était en effet plus allongé, comme le devient celui des Chiens qui, abandonnés à eux-mêmes, retournent à l'état de nature.

» Dans les squelettes de Loups que nous avons sous les yeux, la dernière tuberculeuse supérieure recouvre entièrement la dernière tuberculeuse inférieure; de même chez le Renard, la dernière tuberculeuse supérieure recouvre la moitié antérieure de la dernière tuberculeuse inférieure; tandis que chez les Chiens la même dent supérieure avance presque tout à fait sur la partie antérieure de la dent inférieure, au point que celle-ci reste tout à fait en arrière et n'est point soutenue par la supérieure. Cette disposition permet à cette dent de *fuser hors de son alvéole*, et de disparaître de bonne heure.

» Il paraîtrait donc que, lorsqu'elles ne sont plus soutenues par celles qui leur sont superposées, ces dents fusent et sont chassées peu à peu de leurs alvéoles, qui, à la longue, finissent par s'oblitérer. »

Telle est, à ce sujet, l'explication de ces auteurs.

Il est certain qu'à l'époque où MM. de Serres, Dubreuil et Jeanjean publiaient leur travail, ils ne pouvaient avoir l'attention éveillée sur les caractères du genre *Cuon* de l'Himalaya, genre qui venait d'être établi par Hodgson. Ces savants n'ayant pas connaissance de ce genre, devaient naturellement rapporter les maxillaires à une seule tuberculeuse à une race particulière de Chiens, ou plutôt devaient considérer l'absence de la seconde

(1) Il ne faut pas oublier que ces auteurs mentionnent les ossements de plusieurs races de *vrais* Chiens, chez lesquels naturellement cette tuberculeuse existe.

tuberculeuse comme un fait accidentel, ou dû à un *fusement* de la dent en dehors de l'orbite.

De Blainville lui-même, en 1837, dans l'ignorance du genre *Cuon*, qu'il ne pouvait connaître, puisque ce genre a été établi en 1838, regardait alors l'absence de la seconde tuberculeuse comme un fait anormal. Dans son mémoire *Sur quelques anomalies du système dentaire chez les Mammifères*, etc. (1), cet auteur a donné la représentation du *Cuon primævus*, classé à cette époque parmi les *Canis*, et s'est appesanti d'une façon toute particulière sur la dentition de cet animal, pour montrer la variabilité du système dentaire chez les *Canidæ*. — Il est vrai que plus tard, lorsqu'il eut connaissance du genre *Cuon*, Blainville s'empressa d'adopter ce genre et de renier sa précédente manière de voir. Ainsi ce que cet auteur regardait comme une anomalie en 1837 était, quelques années plus tard, considéré par lui comme un signe caractéristique d'une nouvelle coupe générique.

MM. Marcel de Serres, Dubreuil et Jeanjean, à l'époque de la publication de leur savant travail *Sur les ossements humatiles de la caverne de Lunel-Viel*, ne pouvaient donc également envisager que comme un fait anormal l'absence de la dernière tuberculeuse, et en conscience on ne peut leur faire un reproche de l'explication qu'ils ont essayé de donner.

Ce n'est pas seulement sur une seule mâchoire que ces auteurs ont constaté l'absence de la dernière tuberculeuse, mais ils l'ont remarquée sur plusieurs maxillaires. Ce fait a de l'importance, en ce sens qu'il accuse une race de *Canidæ* chez laquelle ce signe se reproduit avec constance. Or, un signe qui se reproduit avec constance, ou qui se montre identiquement le même sur plusieurs ossements, n'est plus un signe anormal, mais devient un caractère générique.

MM. Marcel de Serres, Dubreuil et Jeanjean n'ont fait représenter qu'une seule mâchoire à une tuberculeuse; les autres fragments de mâchoire supérieure qu'ils ont fait figurer (pl. 2,

(1) *Ann. franç. et étrang. d'ana. et de physiol.*, 1837, t. I, p. 299, pl. VII, fig. 4.

fig. 1 et 2) sont bien, si l'on en juge d'après la forme, pour la taille et la grandeur des tuberculeuses, des débris de vrais *Canis*.

A l'époque où vivaient les animaux déposés dans l'humus de la caverne de Lunel-Viel, il y avait donc des *Canis* et des *Cuon*.

La mâchoire inférieure (pl. 2, fig. 3), que je regarde comme un maxillaire d'un *Cuon* nouveau, *Cuon* auquel j'attribue le nom d'*Edwardsianus*, a été ainsi caractérisée par MM. de Serres, Dubreuil et Jeanjean (1) :

« Les branches des maxillaires de ces Chiens diffèrent du Loup par leur force moins considérable, ainsi que par le rapprochement de la carnassière d'un côté à celle du côté opposé, rapprochement qui devait donner aux espèces des cavernes un museau fort allongé, et les rendre assez semblables aux Lévriers.

» Ainsi la distance que l'on observe sur le maxillaire inférieur, entre le bord tranchant de la première incisive et le bord postérieur de la tuberculeuse placée après la carnassière, est-elle de 105 millim., tandis que l'on trouve, pour la même distance, chez le Loup 118 millim., chez le Chien d'arrêt 101 millim., et chez le Dogue 111 millim.

» La carnassière a, dans son diamètre antéro-postérieur, 25 millim., tandis qu'elle offre 28 millim. chez le Loup, seulement 22 millim. chez le Chien d'arrêt, et 24 millim. chez le Dogue. Quant à l'écartement qui existe entre la pointe la plus élevée de la carnassière et celle du côté opposé, on le trouve de 45 millim. dans l'espèce des cavernes, et de 55 millim. chez le Loup. »

A ces caractères j'ajouterai :

Que les dents du *Cuon Edwardsianus* se rapprochent plus de celles du *C. primævus* que de celles de l'*europæus*. Les quatre prémolaires présentent en effet les mêmes formes, les mêmes lobes et les mêmes denticules que ceux qui distinguent les prémolaires du *primævus*. La quatrième prémolaire, notamment,

(1 Page 75.

qui, chez le *C. europæus*, offre en avant un denticule triangulaire, ne possède pas plus de denticules que la même dent correspondante du *primævus*. La carnassière du *Cuon* de Lunel-Viel a la même forme que celle du *Cuon* de l'Himalaya; seulement, chez l'espèce de Lunel-Viel, le talon semble (d'après la figure) posséder deux éminences, tandis que chez les *primævus* et *europæus*, il n'en existe qu'une. La tuberculeuse de l'*Edwardsianus* paraît également accidentée par quatre éminences, lorsque chez les deux autres *Cuon* il ne s'en trouve qu'une. Il est vrai que, chez les *Cuon*, quand on regarde cette dent de profil, le renflement de la couronne, en avant et en arrière, peut simuler deux éminences, éminences qui, avec celle centrale, donneraient trois [illegible]sités dentaires, bien qu'en réalité il n'y en ait qu'une de médiane.

Chez le *Cuon* de Lunel-Viel, de même que chez le *primævus*, le maxillaire s'effile et remonte dans sa partie antérieure. Sa canine, à l'instar de celle du *primævus*, est large à sa base, fortement acuminée et très-récurrente. Celle de l'*europæus* est plus allongée et n'a pas la même forme. Les trous mentonniers sont très-distants les uns des autres, ainsi que chez le *primævus;* ils sont moins écartés chez l'*europæus*.

Le *Cuon Edwardsianus*, au point de vue de la taille, devait être plus robuste que l'*europæus*, à plus forte raison que le *primævus*.

Voici, du reste, les mesures comparatives de la série dentaire de ces trois *Cuon*. Les mesures du *Cuon* de Lunel-Viel sont prises sur la figure de l'ouvrage de MM. de Serres, Dubreuil et Jeanjean.

	Cuon		
	Edwardsianus.	*europæus.*	*primævus.*
Espace occupé par les molaires......	80 millim.	$69^{mm},5$	64 millim.
Hauteur de la partie émaillée de la canine......................	16	20	16
Longueur de la première prémolaire.	5	6	4
Longueur de la deuxième prémolaire.	10,5	9	7,5
Longueur de la troisième prémolaire.	12,5	10,5	9,5
Longueur de la quatrième prémolaire.	15	14	11,5
Longueur de la carnassière.........	25	21	21
Longueur de la tuberculeuse.......	10,5	7,5	6,5

D'après ces mesures, on voit que l'espace occupé par les molaires est plus considérable chez l'*Edwardsianus* que chez l'*europæus* et le *primævus;* que la carnassière et la tuberculeuse sont également plus fortes et plus robustes chez cette espèce que chez les deux autres; tandis qu'au contraire les quatre prémolaires sont à peine plus longues que celles de l'*europæus*, et que sa canine est juste de la taille de celle du *primævus*.

Ce nouveau *Cuon*, de même que les deux autres, avait la mâchoire effilée, et devait posséder un museau fort allongé. M. de Serres compare le museau de cet animal à celui d'un Lévrier. L'écartement des branches du maxillaire du *Cuon* de Lunel-Viel est de 25 degrés.

Cette nouvelle espèce, que je viens de classer dans le genre *Cuon*, a été trouvée à l'état fossile dans la caverne de Lunel-Viel, à 12 kilomètres à l'est de Montpellier (Hérault).

Dans ma *Note complémentaire sur diverses espèces de Mollusques et de Mammifères découvertes dans une caverne près de Vence* (Paris, 1868, p. 9), j'ai signalé, en même temps que le *Cuon europæus*, plusieurs prémolaires semblables à celles du *C. primævus* de l'Himalaya. Depuis la publication de cette note, j'ai reconnu que ces prémolaires devaient être rapportées au nouveau *C. Edwardsianus* plutôt qu'au *primævus*. Les prémolaires de l'*Edwardsianus*, bien que de même apparence que celles du *primævus*, diffèrent de celles-ci par leur taille un peu plus grande et par leur volume un peu plus fort. Or, les prémolaires d'un des *Cuon* de la caverne Mars, prémolaires que j'avais cru devoir assimiler à celles du *primævus*, sont de même taille et de même force que celles du *Cuon* de Lunel-Viel.

Autrefois il existait donc en France deux espèces du genre *Cuon*. Ces deux espèces sont apparues en même temps pendant la phase éozoïque, la première de vitalité. Toutes les deux ont été constatées dans la caverne Mars de Vence : l'une, le *Cuon europæus*, s'est éteinte dans cette phase; l'autre, l'*Edwardsianus*, s'est perpétuée dans la seconde, la phase dizoïque, pour disparaître à son tour.

8

Vulpes (1) vulgaris.

Vulpes vulgaris, Klein, *Quadrup. Disposit.*, etc., 1751, p. 71.
V. vulgaris, Brisson, *le Règne animal divisé en neuf classes*, 1756. p. 239.
Renard fossile, Schmerling, *Rech. ossem. foss. de Liége*, 1834, t. II, p. 34.
Vulpes major, Schmerling (*loc. supr. cit.*), 1834, p. 39.
Canis vulpes, Marc. de Serres, Dubreuil et Jeanjean, *Rech. ossem. humat. de Lunel-Viel*, 1839, p. 78-79, pl. 2, fig. 8-13.
C. vulpes fossilis, Pomel, *Cat. méth. Vertébr. foss.*, 1854, p. 69.
C. vulpes spelæus, Cuvier, *Ossem. foss.* (1838, 4e édit.), teste Pictet, *Traité de paléont.*, 1853, t. I, p. 203.
C. vulpes, Gervais, *Paléont. franç.*, 1859, 2e édit, p. 214.

Schmerling a donné la représentation (2) d'un grand nombre d'ossements de Renard recueillis dans plusieurs cavernes des environs de Liége (Belgique), notamment dans celle de Fond-de-Forêt, caverne située à 12 kilomètres sud-est de Liége.

Ces nombreux débris se rapportent : les uns à notre *Vulpes vulgaris* actuel pour la taille et pour tous les autres caractères ostéologiques ; les autres à une variété ou à une espèce plus grande, plus élancée, à laquelle Schmerling a donné le nom (p. 39) de *Vulpes major*.

Cette espèce, ou variété, paraît caractérisée par des os aussi forts, aussi gros que ceux du *vulgaris*, mais *plus allongés* que ceux-ci. Il n'existe, du reste, entre les ossements de ces deux *Vulpes*, aucun caractère ostéologique assez marqué pour que l'on puisse les différencier nettement les uns des autres.

MM. Marcel de Serres, Dubreuil et Jeanjean ont également trouvé dans la caverne de Lunel-Viel, près de Montpellier, un certain nombre d'ossements de deux variétés de Renards : une de la force et de la taille du *vulgaris ;* une autre d'une taille plus élancée. Cette dernière variété doit vraisemblablement correspondre au *Vulpes major* de Schmerling.

Ces auteurs signalent notamment une canine inférieure gauche, pointue et très-longue (longueur totale, 45 millim.;

(1) Établi en 1693 par J. Raius (*Syn. meth. Anim. quadrup.*, etc.), ce genre a été adopté par Klein en 1751, par Brisson en 1756, etc.

(2) Voyez pl. 7, 8 et 9 de son ouvrage.

longueur de la partie émaillée, 21 millim.; largeur maximum de la racine, 10 millim.). « Ces dimensions, disent ces auteurs, ne sont point les mêmes que celles des canines des Renards, qui sont plus petites et plus grêles. La forme de cette canine est, du reste, tellement différente de celle du Chien d'arrêt, qu'on ne peut s'empêcher de la rapporter au Renard, dont elle a tous les caractères, à la grandeur près. »

Il y avait donc, dans les temps préhistoriques, deux races de Renards : une de la taille de celui de nos jours, et une autre plus grande et plus robuste. Ce grand Renard d'autrefois n'existe plus maintenant.

Ces deux races (espèce ou variété, ainsi qu'on voudra les envisager) ont été retrouvées conjointement dans un grand nombre de cavernes ; mais, comme il est impossible de distinguer par des caractères spécifiques, sauf par celui de la taille, ces ossements de ceux du *vulgaris*, je les considère, jusqu'à nouvel ordre, comme ceux d'une variété plus grande de notre Renard.

J'ai recueilli divers ossements du *Vulpes vulgaris :*

1° Dans la caverne des Demoiselles, près de Saint-Beauzille du Putois (Hérault) (un maxillaire, un fémur, etc.).

2° Dans la caverne de Fontamic, dans la vallée de la Siagne, à Saint-Césaire, près de Grasse (un maxillaire gauche).

3° Dans le trou Bonhomme, à 3 kilom. au nord-est de Saint-Césaire (maxillaire et nombreux ossements des membres).

4° Dans la grotte Camatte, au lieu dit des Clapiers, près de Saint-Césaire (nombreux ossements).

5° Dans la caverne du trou Madame, près de Méaille, dans les Basses-Alpes (une tête entière et nombreux ossements), etc.

Sous l'appellation de *Canis vulpes*, le Renard a encore été constaté :

1° Dans la grotte de la Vache, vallée de Niaut, près de Tarascon (Ariége) (1).

(1) Garrigou, *Age du Renne, dans la grotte de la Vache* (extr. du *Bull. Soc. hist. nat. de Toulouse*, avril 1867, p. 3).

2° Dans la caverne de Lherm (Ariége) (1).

3° Dans les alluvions de la vallée de Salat, dans les Pyrénées (2).

4° Dans les grottes du rocher d'Aurensan, près de Bagnères de Bigorre (3).

5° Dans les grottes de l'Élysée-Cottin, près de Bagnères de Bigorre (4).

6° Dans la grotte de Montesquieu, à 4 kilom. de Saint-Girons (Ariége) (5).

7° Dans la caverne d'Espalungue, à un kilomètre du village d'Arudy, sur la route de Pau aux Eaux-Bonnes (Basses-Pyrénées) (6).

8° Dans la caverne de Lourdes, à l'entrée de la vallée d'Argelès (Hautes-Pyrénées) (7).

9° Dans la station préhistorique d'Aurignac, sur le versant nord de la montagne de Fajoles (Haute-Garonne) (8).

10° Dans la caverne de Sallèles, dans l'Aude (9).

11° Dans les cavernes de Bize et de l'Hermite (Aude) (10).

12° Dans les cavernes de Mialet et de Jobertas, dans le Gard (11).

13° Dans la caverne d'Aven-Laurier, sur la rive gauche de

(1) Trutat, *Galerie des cav. du Mus. de Toulouse*, in *Illustr. du Midi*, numéro du 15 août 1865, p. 250-251.

(2) Garrigou, *Etud. comp. des alluv. anc. et des cav. à ossem.*, 1865, p. 12

(3) E. et Ch. Frossard, *Note sur une grotte, etc., à Bagnères de Bigorre* (extr. du *Bull. Soc. Ramond*, 1870, p. 8).

(4) Philippe, *Mém. cav. à ossem. des environs de Bagnères de Bigorre*, in *Act. Soc. Linn. de Bordeaux*, 1852, t. XVIII, p. 133.

(5) Félix Regnault, *Fouilles dans la grotte de Montesquieu (Ariége)*.

(6) Garrigou et Martin, *Age du Renne dans les Basses-Pyrénées*.

(7) Garrigou et Martin, *Age de l'Aurochs et âge du Renne dans la grotte de Lourdes*.

(8) Ed. Lartet, *De la coexistence de l'Homme et des grands Mammifères*, in *Ann. Sc. nat.*, Zool., t. XV, p. 194.

(9) Trutat, *Galerie des cav. du Mus. de Toulouse*, in *Illustration du Midi*, numéro du 15 août 1865.

(10) Marcel de Serres, *Essai sur les cav.*, 1838, 3e édit., p. 139 et 154.

(11) M. de Serres (*loc. supr. cit.*), p. 149.

l'Hérault, entre Ganges et Saint-Beauzille (1) (canines percées d'un trou).

14° Dans la grotte de la Pronquière, commune de Sainte-Vite de Bar, à 25 mètres sur la rive gauche, au-dessus du Lot, au nord-ouest du hameau de Saint-Georges (2).

15° Dans les brèches osseuses de las Pelenos, à Monsempron, à 50 mètres au-dessus du Lot (3).

16° De la grotte des Fées de Chatelperron, sur la rive droite de la petite rivière de Chatel, et près du chemin de fer des mines de houille de Bert à Dampierre, commune de Vaumas et de Chatelperron (4).

17° Des brèches modernes de Coudes, d'Aubières; des alluvions récentes de Neschers, de Sainzelles; enfin, de la caverne de Montaigu-le-Belin, en Auvergne (5).

18° De la caverne inférieure de Bethenas, située à quelques minutes au nord de Crémieu, à 40 mètres au-dessus du niveau de la plaine (6).

19° Du clos du Charnier, à Solutré, près de Mâcon (Saône-et-Loire) (7).

20° De la grotte de Vallières, au hameau des Caves, grotte située sur l'Amasse, ruisseau qui se jette dans la Loire à Amboise (8).

21° De la baume de Balot, près de Châtillon-sur-Seine (9).

(1) Boutin, *Anciennes races françaises, sur la grotte d'Aven-Laurier, commune de Laroque-Ainier, canton de Ganges (Hérault)*.

(2) J. Lud. Combes, *Etud. géol. sur l'anc. de l'Homme et sur sa coexistence avec divers anim., etc., dans les vallées du Lot et ses affluents, etc.* Agen, 1865.

(3) Garrigou, *Etude comp. des alluv. anc. et des cav. à ossem.*, 1865, p. 24.

(4) Bailleau, *Grotte des Fées de Chatelperron*, in *Bull. Soc. d'émul. de l'Allier*.

(5) Pomel, *Cat. méth. Vertébr. foss.*, 1854, p. 69.

(6) Ernest Chantre, *Note sur les cav. à ossem. et à silex taillés du nord du Dauphiné*, communication faite à la séance du 23 avril 1866, à la Société géologique.

(7) Arcelin, *Station de l'âge du Renne à Solutré* (extr. de la *Revue du Lyonnais*, 1868, p. 9).

(8) Bouvet, *Grotte de Vallières, commune de Vallières (Loir-et-Cher)*.

(9) Beaudouin, *Not. géol. sur une cav. à ossem. des environs de Châtillon*, 1843, p. 5. Voyez encore, à ce sujet : Belgrand, *la Seine; le bassin parisien aux âges préhistoriques* (texte), 1869, p. 158 et 227.

22° D'une couche argileuse aux environs de Nancy (Meurthe-et-Moselle) (1).

23° De la grotte du trou de Praule, dans la vallée de la Lesse, en Belgique (2).

24° Des trous des Blaireaux, de l'Hyène et de la Naulette, vallée de la Lesse, en Belgique (3).

VULPES MINOR.

VULPES MINOR, Schmerling, *Recherches sur les ossements fossiles de Liége*, 1834, t. II, p. 39.

Cette espèce a été établie pour un animal plus petit, moins élàncé, plus trapu et plus bas sur jambes que le Renard ordinaire. Les ossements de ce nouveau *Vulpes*, moins longs que ceux du *V. vulgaris*, sont (proportion gardée) au contraire plus gros et plus épais.

Schmerling a donné la représentation de deux débris de cet animal :

1° Un maxillaire inférieur droit (pl. 7, fig. 7).

2° Un tibia (pl. 8, fig. 11).

La mâchoire inférieure de ce *Vulpes* est caractérisée par un maxillaire fort écourté, très-convexe dans son contour inférieur, et allant en s'effilant presque subitement vers la partie antérieure, de telle sorte que la hauteur de l'os, en avant de la première prémolaire, est presque moitié moindre qu'en arrière de la dernière tuberculeuse.

Les molaires occupent seulement un espace de 52 millim.

Un des caractères les plus saillants de ce maxillaire est de posséder des dents très-serrées les unes contre les autres. Chez les Renards ordinaires, on sait, au contraire, qu'il existe tou-

(1) Mougeot, *Ossem. hum. et de grands Mamm. foss. des Vosges*, in *Ann. Soc. d'émul. des Vosges*, séance du 16 juin 1864.

(2) Dupont, *Etudes sur trois cav. de la Lesse, expl., etc., en* 1866 (extr. du *Bull. Acad. roy. de Belgique*, 1866, p. 4).

(3) Dupont, *Etud. sur les fouilles scientif. exécut., etc., dans les cav. des bords de la Lesse* (extr. du *Bull. Acad. roy. de Belgique*, 1866, p. 11, 13 et 19).

jours, surtout entre les prémolaires, des intervalles plus ou moins sensibles entre chacune d'elles.

Les dents molaires sont à peu près semblables à celles des Renards vulgaires; la canine seule paraît, chez cette nouvelle espèce, plus longue et plus recourbée.

Le tibia que Schmerling regarde comme un débris de ce *Vulpes* a 122 millim. de long; le diamètre de l'os, à sa partie médiane, est de 9 millim.; son extrémité supérieure atteint 25 à 26 millim. dans sa plus grande largeur, tandis que son extrémité inférieure n'est seulement que de 11 millim.

Les ossements du *Vulpes minor* proviennent de la caverne de Fond-de-Forêt, à 12 kilom. de Liége.

§ 6.

Tels sont les *Canidæ* constatés en France à l'état fossile.

Ces diverses espèces n'ont pas toutes vécu en même temps. Voici, selon moi, l'ordre dans lequel se sont succédé ces espèces depuis le commencement de notre période.

A la phase la plus ancienne (phase éozoïque), se montrent :

Le *Lycorus nemesianus*,
Le *Cuon europœus*,
Et le *C. Edwardsianus*.

Dans la seconde phase (dizoïque), le *Lycorus nemesianus* et le *Cuon europœus* n'existent plus; seul, le *Cuon Edwardsianus* apparaît encore, puis surgissent :

Le *Canis ferus* (une ou deux races ou variétés);
Le grand *Lupus spelœus*,
Le *L. vulgaris*,
Et le *Vulpes vulgaris*.

A la troisième phase (trizoïque), le *Cuon Edwardsianus* disparaît à son tour; les chiens sauvages deviennent plus nombreux et commencent à se domestiquer. On y constate :

Le *Canis ferus*, avec un certain nombre d'espèces ou de races classées par les auteurs sous le nom de *familiaris*.
Puis les *Lupus spelæus*,
L. vulgaris,
Et le *L. neschersensis*;
Enfin, le *Vulpes vulgaris*,
Et le *V. minor*.

Les *Lupus spelæus*, *neschersensis* et *Vulpes minor* s'éteignent dans cette phase; de sorte que dans la quatrième (ontozoïque), dans celle où nous nous trouvons, il n'existe plus que :

Le Loup ordinaire (*Lupus vulgaris*).
Et le Renard vulgaire (*Vulpes vulgaris*).

Enfin, de nombreuses races (ou espèces) de Chiens domestiques, que les uns font descendre, à tort, du Loup ou du Renard, les autres d'un seul ou de deux ou trois types de *Canis ferus*.

NOTE COMPLÉMENTAIRE.

Depuis quelque temps, le mémoire qu'on vient de lire était terminé, lorsque je reçus de notre ami Henri Filhol ses savantes *Recherches sur les Mammifères fossiles des dépôts de phosphate de chaux dans les départements du Lot, du Tarn, et de Tarn-et Garonne* (1).

Or, dans ce travail, je reconnus, sous le nom de *Brachycyon*, une nouvelle forme générique établie pour un animal dont la mâchoire inférieure possédait, comme celle du *Lycorus :* 3 prémolaires, 1 carnassière et 2 tuberculeuses.

Ce *Brachycyon*, découvert dans les dépôts (éocènes) de phosphate de chaux de Caylux, paraît être un animal à formes massives, à museau écourté (de là son nom), très-voisin des *Amphicyon*. — Jusqu'à présent on n'a pu en découvrir que

(1) Extrait du tome III des *Annales des sciences géologiques et paléontologiques, etc.*, sous la direction de MM. Alph. Milne Edwards et Hébert.

trois ossements (un maxillaire gauche incomplet, un fémur, un tibia); mais ces ossements, bien qu'en petit nombre, sont si différents de ceux du *Lycorus*, et dénotent un animal si dissemblable, que, bien qu'il possède une formule dentaire analogue à celle du *Canidœ* de la caverne Mars, je n'hésite pas le moins du monde à maintenir la validité de mon nouveau genre *Lycorus*.

EXPLICATION DES FIGURES.

PLANCHE 1.

CUON PRIMÆVUS.

Fig. 1. Maxillaire gauche vu du côté externe.

Fig. 2. Espace occupé par les dents, vu en dessus.

CUON EUROPÆUS.

Fig. 3. Maxillaire gauche vu du côté externe.

Fig. 4. Espace occupé par les dents, vu en dessus.

PLANCHE 2.

CUON PRIMÆVUS.

Fig. 1. Maxillaire gauche vu du côté interne.

Fig. 2. Condyle.

Fig. 3. Formule odontométrique.

CUON EUROPÆUS.

Fig. 4. Maxillaire gauche vu du côté interne.

Fig. 5. Condyle.

Fig. 6. Formule odontométrique.

PLANCHE 3.

LYCORUS NEMESIANUS.

Fig. 1. Maxillaire gauche vu du côté gauche.

Fig. 2. Mâchoire inférieure vue en dessus.

Fig. 3. Canine inférieure vue du côté postérieur.

Fig. 4. Même canine vue de profil.

Fig. 5. Carnassière vue du côté interne.

Fig. 6. Formule odontométrique de la mâchoire inférieure du *Lycorus nemesianus*.

Fig. 7. Formule odontométrique de la mâchoire inférieure du *Cuon europæus*.

Fig. 8. Formule odontométrique de la mâchoire inférieure du *Lupus vulgaris*. (D'après un individu mâle, mort à la ménagerie du Muséum, le 24 octobre 1842.)

PARIS. — IMPRIMERIE DE E. MARTINET, RUE MIGNON, 2

PL.1.

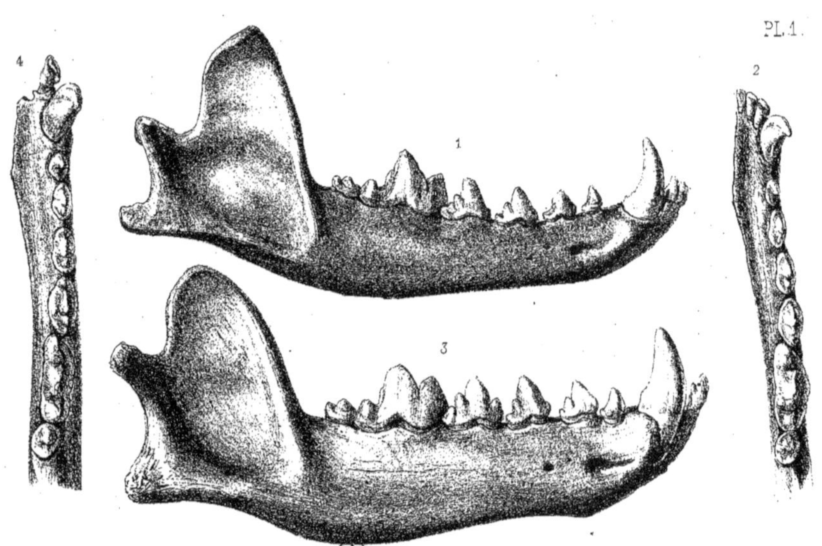

Louveau lith.

Imp. Becquet, Paris.

1 _ 2. Cuon primœvus. _ 3 _ 4. Cuon Europœus.

Pl. 2.

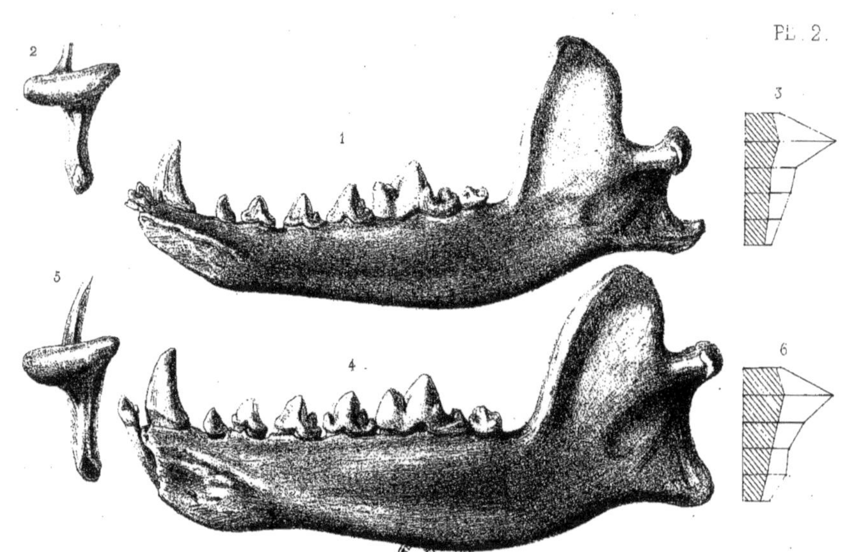

Louveau lith. Imp. Becquet, Paris.

1-3. Cuon primœvus. 4-6. Cuon Europœus.

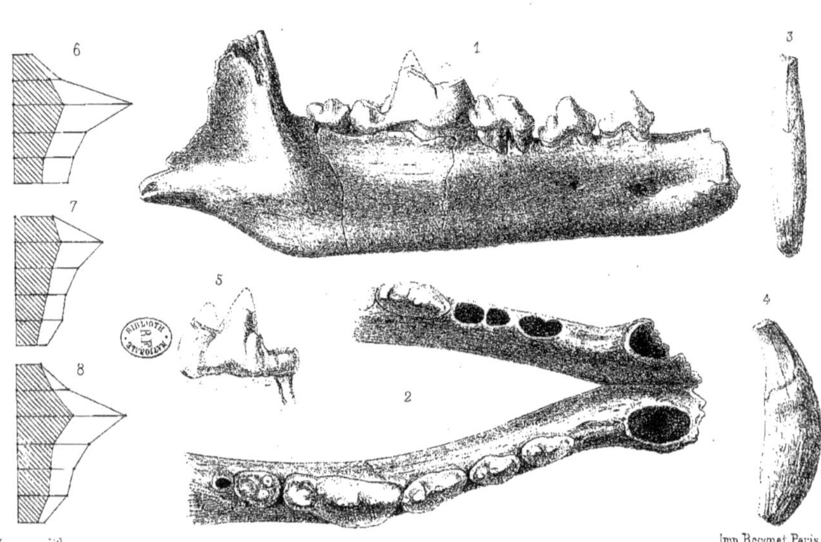

Louveau lith. Imp. Becquet, Paris.

1_6. Lycorus nemesianus.

www.ingramcontent.com/pod-product-compliance
Lightning Source LLC
LaVergne TN
LVHW020449230826
846091LV00004B/1608

* 9 7 8 2 0 1 6 1 6 0 7 1 8 *